W0033624

Zauber der Mythen

Die Buchreihe „Zauber der Mythen" will mit der Darstellung einzelner Mythen durch verschiedene Autoren den Zugang zu einem in jedem Menschen vorhandenen Fundament von Lebenskraft und Lebensmöglichkeit vermitteln, ein Wiedererinnern ermöglichen.

Die einzelnen Bände zeigen, wie genau die alten Geschichten mit ihren Göttinnen und Göttern, Helden, Schicksalsverläufen und ewigen Gesetzen Lebensfragen darstellen und menschliche Probleme abbilden, die uns noch genauso vertraut sind wie unseren Vorfahren.

Die Geschichten sind faszinierend und ergreifend. Wir begegnen uns selbst in ihnen, schauen und erleben die Kraft und Weite unserer Seele, ihrer bislang nicht ausgeloteten Möglichkeiten. Wir spüren, was wir uns vorenthalten haben, wenn wir diese ewigen Themen unserer Existenz vernachlässigen. Ihnen zu begegnen ist dem Erleben vergleichbar, in dem sich die Bedeutung eines großen Traumes zum ersten Mal erschließt. Die Mythen spiegeln unser Leben und vermitteln die Gewißheit, daß es sinnvoll gelebt werden kann.

Theodor Seifert

Zauber der Mythen

Herausgegeben von Theodor Seifert

Theodor Seifert

Weltentstehung

Die Kraft von tausend Feuern

Kreuz Verlag

CIP-Kurztitelaufnahme der Deutschen Bibliothek

Seifert, Theodor
Weltentstehung: d. Kraft von tausend Feuern /
Theodor Seifert. – 1. Aufl. – Zürich: Kreuz Verlag, 1986.
(Zauber der Mythen)
ISBN 3-268-00030-4

1. Auflage
© Kreuz Verlag AG Zürich 1986
Umschlaggestaltung: HF Ottmann
Umschlagfoto: Manfred P. Kage
ISBN 3 268 00030 4

Inhalt

Die Mitte der Nacht ist der Anfang des Tages   7

Urzeit war es ...   13

Im Dunkel warteten die Schöpfer   27

Das Welten-Ei   39

Schwanger wehte sie der Windstoß   53

Die herrlichen Hügel des Uranfangs   65

Es werde Licht!   75

Mutter Erde   85

Als Himmel und Erde sich trennten   97

Eine flammende Säule ohne Anfang,
    Mitte und Ende   109

Wo die Wolken sich berührten –
    Erster Mann und Erste Frau   121

Die ewigen Gesetze   131

Zum Umschlagfoto   157

„Die Mitte der Nacht ist der Anfang des Tages"

Dieser Titel eines der Bücher von Jörg Zink[1] hat mich nicht mehr losgelassen, seit ich ihn las. Er beschreibt eine Erfahrung, die jeder Mensch kennt: Die Finsternis der Nacht, das scheinbar ausweglose Dunkel, so oft verbunden mit Verzweiflung und Hoffnungslosigkeit. Wie soll alles weitergehen? Selbst kleine Alltagsprobleme können in schlaflosen Nächten zu unbezwingbaren Ungeheuern werden, die uns ängstigen und wie Raubtiere den ersehnten Schlaf rauben. In schweren Entscheidungssituationen dehnt sich die Dunkelheit ins Endlose, verbindet sich mit dem verzweifelten Suchen nach einem Licht, das den weiteren Weg erhellt und die notwendigen Schritte ermöglicht. Und doch geht jede dunkle Nacht der Seele zu Ende, beginnt ein Morgen zu dämmern. Die düsteren Schatten verschwinden, der Anfang des Tages wird wahrnehmbar. Es ist, als ob wir wieder in eine weitere und hellere Welt einträten, auch wenn die inneren Fragen noch ohne Antwort geblieben sind.

Gewiß, es gibt auch die andere Erfahrung: Nach den anstrengenden und belastenden Gefahren des Tages sehnen wir uns nach der Ruhe und der Geborgenheit der Nacht, die uns aufnimmt und wie eine Mutter einhüllt in ihr Dunkel, uns unsichtbar macht und vor bösem Zugriff beschützt.

Aus der Nacht tauchen wir allmorgendlich auf und zu ihr kehren wir zurück an jedem Abend. Im übertragenen Sinne ermüdet unser „helles" Bewußtsein und sehnt sich zurück in das „Dunkel" des Unbewußten, in die Welt des Traumes, des Schlafes und der Phantasie. Menschen, die nicht in die klare Welt der Vernunft und des logischen Denkens zurückkehren können, bezeichnen wir als „umnachtet", die alte Symbolik des Wortes weiter benutzend. Und wird uns plötzlich etwas klar, erkennen wir Zusammenhänge, die uns vorher „dunkel" waren, so „geht uns ein Licht auf". Das Leuchten der Sonne, die mit der Morgendämmerung die Erde wieder erhellt, ist zum bleibenden Bild für seelische Vorgänge oder neuen Erkenntnisgewinn geworden. Auch ein geistig Kranker kann aus seiner Umnachtung wieder „erwachen", sein düsteres Dasein kann sich „lichten", er „faßt wieder Fuß" in unserer vertrauten Welt und kehrt gewissermaßen in sie zurück. Um „Fuß zu fassen" bedarf es eines festen, nicht mehr schwankenden Bodens, auf dem einer stehen und seinen Standpunkt einnehmen kann.

Was allmorgendlich so selbstverständlich geschieht und in der Heilung eines Geisteskranken zum willkommenen Ereignis wird, ist ein Urmodell unseres Lebens, ja der Schöpfung überhaupt. Die Menschheit hat es immer wieder beschrieben, in heiligen Gesängen vorgetragen und bei großen Festen neu begangen: Aus dem Dunkel ward Licht, in der Mitte der Nacht liegt der Keim des neuen Lebens, aus dem alle Kräfte wachsen. Jeder von uns trägt sie in sich, diese uralten Gesetze des Werdens und Vergehens, dargestellt in den großen mythischen Bildern, die wir Schöpfungsgeschichten nennen. So wie die Welten entstanden sind, die Götter zum Leben erwachten, wie die Menschheit aus dem Dunkel der Vorzeit heraustrat, so wiederholt und lichtet sich das Dunkel in jedem einzelnen Menschenleben neu. An einem bestimmten Geburts-Tag „erblickt der Mensch das Licht der Welt", verläßt das Dunkel der mütterlichen Umgebung und erlebt von da an in unendlicher Folge den Wechsel von der Nacht zum Licht und von der Helle über die Dämmerung zur Dunkelheit, aus der er immer wieder hervortritt bis zu jenem Augenblick, in dem er zum letzten Male einzuschlafen scheint und in dieser Welt nicht mehr erwacht. Er betritt das „Reich des Todes", das bis heute ein Rätsel, „in undurchdringliches Dunkel gehüllt", geblieben ist. Aber auch hier gibt es Zeugnisse, die von großem Lichterleben sprechen und das Erwachen in einer anderen Welt genau beschreiben. Ewige Finsternis, ewiges Licht werden mit Hölle und Himmel verbunden. Vorstellungen dieser Art sind keineswegs auf den christlichen Raum beschränkt. Sie ähneln sich bei allen Völkern, auch wenn nationale und kulturelle Besonderheiten nachweisbar – und bereichernd – sind. Wir begegnen solchen Jenseitsvorstellungen zum Beispiel im tibetanischen oder im ägyptischen Totenbuch[2]. Interessanterweise werden in Ägypten die Begräbnistexte „Eintreten in den Tag" oder „Manifestation im Licht" genannt[3], was noch einmal auf die hohe Bedeutung und die enge Verbundenheit von Nacht und Licht hinweist. Finsternis und Helligkeit sind jedoch nur Eckpfeiler eines viel umfassenderen Geschehens, das in den Geschichten von der Entstehung des Kosmos und der Götter im einzelnen entfaltet wird und in der unendlichen Weite des noch leeren Alls das ewige Wunder der Entstehung des Lebens und seines Wachstum widerspiegelt. Es ist, als ob der Mensch die Grundlagen seines Lebens in seinen Göttern wiedererkannt, ja dort erstmals gefunden und so über sich selbst und seine Existenz, geleitet von den heiligen Bildern, nachgedacht habe.

In seinen Vorstellungen über die Entstehung des Kosmos ahnt er etwas von der tiefen Verbundenheit aller Kräfte, Dinge und Lebewesen, von einem „wahren Dasein in einer runden Welt", das sich in den alten Überlieferungen ebenso enthüllt wie verhüllt. Sie wurden sorgfältig beachtet und repräsentierten höchste Werte.

Unsere Sprache, sei es die Sprache des Alltags oder die der Wissenschaft, vermag nur unvollkommen wiederzugeben, was in den großen Bildern vom Anfang der Welt geschaut worden ist. Wenn wir einen beeindruckenden Traum beschreiben sollen, stehen wir vor einer ähnlichen Schwierigkeit. Worte drücken nur unvollkommen aus, was wir des Nachts gesehen haben. Ein gemalter Traum sagt schon viel mehr. Mit Gefühlen ist es ebenso. Der Satz „Ich liebe dich" drückt so unendlich vieles aus, und doch finden wir für diese Fülle des Erlebens nur drei Worte. Deshalb vielleicht auch die Scheu und Scham, sie zu sagen. Eben hatte ich mit dem „wahren Dasein in einer runden Welt" Wolfgang Cordan zitiert, der das heilige Buch der Maya-Völker, das Popol Vuh, „Buch des Rates", übersetzt hat. Er spricht mit Recht von einem Schuldgefühl, wenn wir mit unserer rationalen Sprache ein immer unvollkommenes Licht auf diese anfängliche Welt werfen, die uns „sehr alte heilkräftige und zerstörungsmindernde" Botschaften übermittelt[4]. Trotzdem führen Worte uns hin zu dieser runden Welt, die nicht nur Ahnungen, sondern die Gewißheit eines möglichen Heilseins und Ganzwerdens vermittelt und damit unserem Sehnen Überwindung der inneren und äußeren Zerrissenheit und Spaltung verspricht.

Die folgenden Kapitel wollen zeigen, daß die Schöpfungsgeschichten in all ihren einzelnen Bildern in jedem Menschen zum persönlichen Erleben werden können. Sie in sich als tragende Grundlage zu wissen kann ein neues Vertrauen in das Leben begründen, trotz aller Unsicherheiten, auch wenn und gerade weil die Zukunft immer dunkel vor uns liegt. Sie trägt den Keim neuen Lebens als persönliches Werden und Wachsen in sich. Diese Lebensgrundlage ist unzerstörbar, sie ist mit dem Menschen gewachsen und seit Jahrtausenden in Schrift und Bild bezeugt. Sie ist keine modische Erscheinung wie so manche heute propagierte Heils-Meinung, sondern uraltes Gut der Menschheit. Deshalb wurden die Schöpfungsgeschichten auch an den hohen Festen, insbesondere dem Neujahrsfest, immer wieder erzählt, wurde die Welt durch diesen symbolischen Schöpfungsakt neu geschaffen und begründet. Dieses Erleben möchte ich dem Leser vermitteln: In jedem von uns findet dieser Schöpfungsprozeß statt, er ist die verläßliche Grundlage des Selbstvertrauens und unseres Eingebundenseins in die Welt, ein Fundament, auf dem unsere Hoffnung gründet, auf dem sie immer wieder fest verankert werden kann, wenn sie verloren scheint.

Die Bilder des Schöpfungsgeschehens, aus unserer Innenwelt erwachsen und gestaltet, haben auch einen Bezug zu Gesundheit und Krankheit. Weil sie die Urkräfte des Lebens überhaupt symbolisieren, sind sie Abbild und vorbildhaftes Modell von Entwicklungs- und Heilungsvorgängen. In meiner psychotherapeutischen Praxis kann ich oft beobachten, wie in Träumen, Phantasien, Malereien oder anderen Gestaltungen aus dem Unbewußten solche Bilder aufscheinen. Beginnen wir also unseren Weg durch die Bilder der Zuversicht und der Lebenskraft.

Urzeit war es...

„Urzeit war es, da Ymir hauste:
Nicht war Sand noch See noch Salzwogen,
nicht Erde unten noch oben Himmel,
Gähnung grundlos, doch Gras nirgend."

Die Edda[5]

Das Popol Vuh, das schon erwähnte heilige Buch der südamerikanischen, von den Spaniern fast ausgerotteten Mayas, schildert den Anfang aller Dinge so:

„Dies ist die Kunde:
Bevor die Welt geschaffen wurde,
herrschten Schweigen und Reglosigkeit.
Es gab keine Dinge, kein Leben.
Das Gesicht der Erde war unsichtbar.
Es gab nur ruhendes Wasser
und eine Leere des Himmels.
Es gab keine Menschen und Tiere,
keine Vögel und Fische,
keine Bäume, Steine, Berge, Gräser, Wälder –
noch gab es all dies nicht.
Es gab nichts, das tosen und laufen konnte,
nichts, das schreien oder erschüttern konnte.
Überall Flachheit und Leere –
nur das Meer, einsam und ohne Atem.

Nur Ruhe war und Stille in Dunkelheit.
Im Dunkel warteten die Schöpfer,
Gestalter, Vorväter." [6]

Aus dem Norden Europas stammen die Visionen
der alten Germanen, und jenseits des Ozeans, im
Bergland Guatemalas, erzählt das „Buch des Rates"
eines Mayastammes von den Uranfängen der Welt,
des Kosmos und seines Lebens.

Für die Inder lautet es so:

„Nicht war Nichtseiendes,
Nicht Seiendes war damals,
nicht war Luftraum,
nicht Firmament über ihm.
Was webte damals? Wo? In wessen Schutz?
War etwa Nebel das unergründliche Tiefe?
Nicht Tod, nicht Leben war da,
nicht unterscheidendes Merkmal
zwischen Tag und Nacht.
Nur Eines war da, Tad, ein Atem,
jedoch in eigener Weise,
ohne Hauch, das Eine,
von ihm verschieden
war sonst nichts vorhanden.
Dunkel war im Anfange, von Dunkel verborgen,
alles ein unbestimmtes Gewoge." [7]

Wir sind es heute kaum noch gewohnt, Texte von
solcher Dichte und Genauigkeit zu hören oder zu
lesen. Deshalb habe ich sie auch ausführlicher zitiert. Sie erschließen erst nach mehrmaligem Lesen
wenigstens zum Teil ihre Botschaft. Man kann sich

immer wieder mit ihnen beschäftigen und wird dabei wichtige Erfahrungen machen oder neue Erkenntnis finden. Im Laufe der Jahrhunderte verloren diese Texte nichts von ihrer Aussagekraft. Sie regen den Nachdenkenden an und vermitteln einen Zugang zu inneren Welten, die nur über solche Bilder überhaupt erfahrbar werden.

Blickt man in einer sternklaren Nacht hinaus in die unendliche Weite des Weltenraumes, so gewinnt man Eindrücke, die den Bildern dieser Schöpfungsgeschichten voll entsprechen. Und trotzdem enthalten diese Texte keine einfachen Abbilder. Die hätten unsere Vorfahren auch ohne die Hilfe solcher mythischen Geschichten wiedergeben können, denn sie beobachteten die Bahnen der Sterne, den Rhythmus der Natur, den Wechsel von Tag und Nacht sehr sorgfältig. Trotzdem hatten sie das unabweisbare Bedürfnis, sich über den Anfang der Dinge Gedanken zu machen, Bilder und Erzählungen zu entwerfen, die Licht in dieses undurchdringliche Dunkel bringen. Auch sie waren ja „am Anfang der Dinge" nicht dabei, als die Götter entstanden, die dann ihrerseits Himmel und Erde schufen. Und doch „wußten" sie, wie es in der Urzeit zugegangen war! Woher? Diese entscheidende Frage führt uns ins Zentrum des Problems: Was der Mensch in den Anfang des Kosmos hineingesehen hat, was die Welt ihm auf diese Weise wieder offenbart hat, das hat seinen Ursprung in der tiefen Verbindung von Innen und Außen, der Verbindung der menschlichen Seele und des menschlichen Geistes mit dem Kosmos, einer Verbindung, die diese Welt auch zur Heimat werden läßt. Wir können ja gar nicht anders, als uns die umgebende Natur nach unseren eigenen Maßstäben und Erfahrungen vorzustellen. Das gilt auch im Kleinen: Erst wenn meine Gefühle, Hoffnungen und Erlebnisse die Straßen und Plätze, die Höfe und Häuser einer Stadt oder eines Dorfes gefüllt haben, sind diese zu meiner Heimat geworden. Und ist die Welt so mit uns Menschen verbunden, wie unsere Mythen es erzählen, so vermag sie ihrerseits zu uns zu sprechen und uns über unser eigenes Wesen und die Grundlagen unserer Existenz zu unterweisen. So sind die Mythen große Lehr-Gedichte über uns selbst. Und als solche wollen wir sie auch befragen, uns von ihnen leiten lassen. Sie werden damit buchstäblich zu Leit-Bildern. Damit tun wir das gleiche, was „Erster Mann" in einem Mythos der Navaho-Indianer tat: Er brach sich einen Zweig von der Weltenkiefer ab, um sich von ihr in der Dunkelheit führen zu lassen. Jedes einzelne Mythologem, jede Geschichte, jedes Bild ist ein solcher Zweig des großen Weltenbaumes, der den gesamten Kosmos darstellt und an dessen Leben wir teilhaben.

Ein weiteres: Die alten Lehr-Gedichte und -Gesichte vermögen uns auch zu korrigieren. Sie vermitteln uns Erfahrungen und Erkenntnisse, die sonst unzugänglich blieben, obwohl sie als Möglichkeit in uns ruhen, im Verborgenen des Unbewußten. Durch die Einseitigkeit des modernen Lebens haben wir den Zugang zu diesen Tiefenschichten der Psyche verloren. Der einzelne Mensch lebt innerlich und äußerlich völlig isoliert, nicht nur die Welt ist ihm fremd geworden, auch seine Seele. Er ist im weitesten Sinne des Wortes nicht mehr „zu Hause", weder bei sich noch verwurzelt in seiner Erde. An die unzähligen Flüchtlingsschicksale sei hier nur erinnert, ihre Tragik ist kaum nachvollziehbar.

Diese Heimatlosigkeit, die durch entsprechende persönliche Schicksale noch verstärkt wird, macht sich besonders in schweren Lebenskrisen und entsprechenden existentiellen Zuständen bemerkbar, wo es „ums Ganze geht", in Zuständen völliger Hoffnungslosigkeit und Verzweiflung. Dann ist auch in unserem Leben „Gähnung grundlos", wie es in der Seherin Gesicht heißt, und die Leblosigkeit vollständig, „Gras nirgends". Sie erinnern sich hier vielleicht an den Ausdruck „da wächst kein Gras mehr", mit dem wir einen endgültigen Zustand der Todesähnlichkeit bezeichnen. Wir meinen, ins Bodenlose hinabzufallen, keinen Grund unter den Füßen mehr zu haben. In der Depression „sehen wir schwarz" oder nehmen alles nur „grau in grau" wahr und kennzeichnen damit auch einen Zustand, der „Tag und Nacht noch nicht kennt", wie es die Schöpfungsgeschichten beschreiben.

Vermutlich erlebt ein Kleinkind seine Verlassenheit so, würde sie auf diese Weise beschreiben, wenn es dazu schon in der Lage wäre. Wir müssen aber annehmen, daß diese Urbilder in der Seele des Kindes schon auftauchen, ohne irgendwie eingeordnet, geschweige denn verstanden werden zu können. Die Angst, die in Kinderaugen zu lesen ist, hat etwas von diesem unendlichen Dunkel, wo „Gähnung grundlos" wurde. In Träumen spiegelt sich das, wenn wir fallen, ohne je anzukommen. Wir wissen etwas von der Unendlichkeit in ihrer düsteren Form, aber auch, wenn wir sie ewige Seligkeit nennen, in ihrer verheißungsvollen Form. Unendlichkeit, Grenzenlosigkeit sind Urformen menschlichen Erlebens. Drücken wir nicht auch unsere Gefühle und Affekte so aus, wenn wir sagen: „Ich hab dich unendlich lieb" oder von „grenzenlosem Haß" oder „endloser Traurigkeit" sprechen? Die Sprache gibt hier nur unvollständig wieder, was wir ausdrücken möchten.

Natürlich ist es uns im Alltag nicht bewußt, daß wir uns immer wieder an diese alten Vorstellungen anlehnen. Wir können aber gar nicht anders, denn sie bilden den arttypischen, eben menschlichen Rahmen unserer Vorstellungswelt. C. G. Jung hat diese grundsätzlichen Strukturen und Erlebnismuster als Archetypen bezeichnet, über sie können wir nicht hinausgehen, sie begrenzen die Welt der uns möglichen Bilder und Ideen. Und diese stellen ein Ganzes dar, das Mensch und Welt umfaßt. Genau hier ist aber der bedeutsame Unterschied: Durch die Beschädigung unseres Lebens oder die Enge unserer Erziehung sind uns erlebnismäßig nur noch kleine Teile dieser ganzen Welt, die immer neu in uns und um uns entsteht, zugänglich. Wir wissen aus Erfahrung um die gähnende Leere, wenn unser Leben in ein Nichts zu zerfließen droht, wenn wir zu einem „Niemand" werden und scheinbar ohne jede Bedeutung sind, soweit wir es übersehen können. Diese Seite des Dunkels, „von Dunkel umgeben", diese doppelte Finsternis kennen wir gut, nicht nur depressiv Erkrankte wissen davon zu berichten. Aber – und dies wird uns im nächsten Kapitel noch eingehender beschäftigen – wir kennen die Fortsetzung nicht. In der Edda heißt es nämlich weiter:

„... *Bis Burs Söhne den Boden hoben,*
sie, die Midgard, den mächt'gen, schufen:
Von Süden schien Sonne auf's Salgestein;
grüne Gräser im Grund wuchsen."[8]

„Im Dunkel warteten die Schöpfer", hieß es im Popol Vuh. In den Geschichten über den Uranfang des Kosmos erscheint nicht nur das Dunkel, sondern auch alles, was aus ihm entsteht. Die Schöpfungsberichte erzählen vom Anfang einer großen Entfaltung, vom Ursprung.

Aus der Fülle des inzwischen bekannten Materials möchte ich eine griechische Geschichte des Anbeginns erzählen, die gerade diese Seite deutlich macht:

„Das ist vielleicht unsere älteste Erzählung.
Okeanos wird zum Ursprung aller Götter,
zum Ursprung von allem.
Er besaß unerschöpfliche Zeugungskraft,
alle Flüsse, Quellen und Brunnen,
ja das ganze Meer verdanken seinem breiten,
unendlichen Strom ihr Dasein,
ihre Kraft, ihr Fließen.
Auch nachdem alles aus ihm seinen Ursprung
genommen hat, fließt er weiter,
ein Bild des ewigen Stromes des Lebens."[9]

In Indien entspricht Okeanos Vishnu, dem Einen, dem Ewigen, dem Anfang. Wenn er sich vervielfältigen will, um die Welten hervorzubringen, strömt er seine Kraft aus, die alles zur Verwirklichung bringt. Seine Kraft ist zugleich seine Gattin Shakti; dieses Urpaar ist aus dem ununterscheidbaren Dunkel des Anfangs in Erscheinung getreten. Diese Gedanken werde ich im Kapitel „Wo die Wolken sich berührten..." ausführlicher aufgreifen.

Weder in diesem griechischen noch in dem entsprechenden indischen Mythos ist von Licht, von Dämmerung oder von Himmel und Erde die Rede. Und doch ahnen wir bereits die weitere Entfaltung, wenn es in einem anderen griechischen Schöpfungs-bild heißt:

„Im Anfang war die Nacht,
ein Vogel mit schwarzen Flügeln.
Befruchtet vom Wind
legte die Urnacht ihr silbernes Ei
in den Riesenschoß der Dunkelheit.
Aus dem Ei trat der Sohn des wehenden Windes,
ein Gott mit goldenen Flügeln hervor,
Eros, der Gott der Liebe."[10]

In den uns bekannten Bildern von der Weltentste-hung ist das Dunkel, über das sich alle Völker einig sind, immer in das Geschehen einbezogen, es ist eben ein *Anfang*. Im Gegensatz dazu meinen wir angesichts der dunklen Tiefen unseres persönlichen Schicksals immer, das *Ende* sei gekommen. Das ist auch das schicksalsschwere Mißverständnis all de-rer, die in solch dunkler Zeit ihrem Leben selbst ein Ende setzen. Sie haben keinen Zugang mehr zu den schöpferischen Kräften, die in jedem Menschen bereitliegen, aber noch auf ihre Zeit warten. Solches Wissen vermitteln uns die Schöpfungsgeschichten, weil sie den Menschen mit seinem Ursprung verbin-den, mit dem Anfang einer langen Entfaltung, die in jeder Dunkelheit mit gegenwärtig ist. Ja die Dunkel-heit *ist* der Anfang, nirgends auf der Welt hat der Mensch es je anders gesehen, wenn auch verschie-den und zum Teil verkürzt ausgedrückt, wie die einzelnen mythischen Bilder zeigen.

Wir begegnen hier einer widersprüchlichen und paradoxen Situation. Wie kann die Dunkelheit, die sich als völlige Ausweglosigkeit darstellt, ein Neubeginn sein? Genau das ist es, was Menschen seit vielen Jahrtausenden als ihre heilige Überzeugung wußten und feierten. Die alten Botschaften vom Anfang der Welt haben heute noch dieselbe Kraft wie einst, weil sie mit unserer Seele verbunden sind. Eigentlich müßte man sagen, weil wir diese Bilder selbst *sind*. Wort für Wort können wir ihre kraftvolle Wirklichkeit erleben. Ich bin überzeugt, daß so mancher, der sich nach dem Tod als Erlösung sehnt und sich schon die geeigneten Mittel überlegt, ihn herbeizuführen, seine Situation neu sehen könnte, wenn er die alten Texte in einer „Schöpfungsmesse" hören oder sagen und so lange wiederholen dürfte, bis er ihre erneuernde Kraft spürt. Wir kennen die Verwandlung, die ein heiliger Raum, ein heiliges Wort, ein heiliger Ton anregt. Das „Gras nirgends" der Edda setzt sich fort im „grüne Gräser wuchsen". Eine erlebbare Wahrheit der Seele, die mit jedem Kind neu geboren wird.

Für die Inder war das Universum zu Beginn völlig von Nebeln eingehüllt, es war überhaupt nicht wahrnehmbar, nicht unterscheidbar, unentdeckbar und unerkennbar, als ob es vollkommen in Schlaf versunken wäre[11], und für die Ägypter war ein unermeßliches Chaos, das allerdings schon den Namen Nun trug, der Anfang aller Dinge. Sie stellten es sich als Ozean oder als formlose Masse vor, eine Vorstellung, die auch den Griechen bekannt war. In der ägyptischen Götterlehre von Memphis heißt es:

„Am Anfang war nur das große,
unbewegte und unendliche Weltmeer,
ohne Leben, aber voller Stille.
Noch gab es kein Oben und kein Unten,
kein Vorne und kein Hinten,
weder Osten noch Westen,
weder Norden noch Süden.
Noch waren Helligkeit und Dunkelheit
nicht getrennt und Licht und Dunkel
nicht hervorgekommen.
In den Anfang aber trat Ptah.
Ptah aber trug die Gestalt von Nun und Naunet,
den Urwassern, von Huh und Haûhet,
den großen Unendlichkeiten.
Er trat in ihnen in Erscheinung.
Er trat aber auch in Gestalt von Kuk
und Kauket,
den ewigen Dunkelheiten, in Erscheinung,
ebenso erschien er dann in Gestalt
von Niaû und Niaût,
den großen Verneinungen.“[12]

Diese Zeugnisse des ersten Anfangs ließen sich beliebig fortsetzen. Sie ähneln sich weitgehend, und trotzdem bietet jedes Bild neue Perspektiven. Die Beziehungen zum Menschen und seiner Erlebniswelt sind leicht herzustellen.

Die Urwasser, die großen Unendlichkeiten, die ewigen Dunkelheiten und die großen Verneinungen, sind das nicht Dimensionen unseres Erlebens, die uns zu überwältigen drohen? Wir begegnen den Urkräften des Lebens in uns und wir müssen lernen, damit umzugehen, wenn sie uns nicht überwältigen sollen. Das Prinzip der großen Verneinung ist wahrscheinlich eines der Grundprinzipien unserer Welt, so zumindest sahen es unsere Vorväter. Sprechen wir mit der atomaren Aufrüstung nicht eigentlich die Sprache dieser großen Verneinung? Nur scheint sie sich verselbständigt zu haben, sie ist nicht mehr der Ausfluß einer großen, umfassenden Gottheit, sondern treibt wie ein böser Dämon ihr Unwesen. Es ist der Geist, „der stets verneint", mit dem wir uns auseinandersetzen müssen. Wenn er nur noch allein regiert, wenn wir aus einer nihilistischen Position heraus leben, in der alles nichtig und wertlos wird, verfallen wir ihm und zerstören das Leben. Die Zerstörung, die vor allem nach der indischen Schöpfungsgeschichte immer zum Weltganzen gehört, wird dort jedoch nie allein gesehen, sie ist in den Mythen eingebunden in die großen Rhythmen des Lebens und erhält von daher ihren Sinn und Auftrag. Wir mögen sie verfolgen bis in die Fähigkeit des Einzelmenschen, nein zu sagen, sich abzugrenzen und zu unterscheiden; sie gehört zum Ganzen der Schöpfung dazu, offenbar von allem Anfang an.

Es ist heute eine wissenschaftlich gut abgesicherte Erkenntnis, daß das Entwicklungsprinzip den ganzen Kosmos umfaßt. Nicht nur im biologischen und menschlichen Bereich finden unablässig Entwicklungen statt, es gab auch eine chemische Evolution, das ganze Weltall gestaltet sich nach dieser Ordnung. Zugleich wissen wir, daß das Weltall nicht unendlich ist, sondern in uns zwar unvorstellbar langen Zeiträumen wieder in sich zusammenfallen und zu einem enormen Energiebündel werden wird, aus dem es wahrscheinlich neu ersteht. Das ist das Prinzip der Verneinung, wie es die alten Seher nannten. Sicher ist es gut, daß „nicht alles endlos so weitergeht", die Endlichkeit, eine Seite der Verneinung, hat viel Gutes in sich. Wir dürfen um beide wissen, beide handelnd ausgestalten in eigener Verantwortung: die Entfaltung und die Verneinung.

Daß Leben und Welt so erlebt werden können, wie es die zitierten Geschichten zeigen, und als Anfang jedes wirklich Neuen auch in uns so wahrgenommen werden, ist eine Grundgegebenheit menschlichen Lebens. Dieser kann keiner entfliehen, wir leben in diesem Rahmen. Aber gerade Dunkelheiten empfangen vom Mythos her ihre Deutung, ihren Sinn. Die alten Bilder der Schöpfung vermitteln dieses Wissen, deshalb wurden sie, früher eingebettet in die großen Feste des Jahres und ihre Riten, wieder und wieder erzählt. Diese lebenserhaltende Tradition ist leider verlorengegangen. Erst langsam eröffnet sich wieder unser Verständnis für die darin enthaltenen Weisheiten und ihre erneuernde Kraft. Ich bin überzeugt, daß mancher, der diesen Ausweg nicht kannte und freiwillig in den Tod ging, heute zu leben in der Lage wäre, hätte man ihm in seiner absoluten Dunkelheit vom Keim des Lebens und von dem silbernen Ei erzählt, das der Nacht in den Schoß gelegt wurde. Wahrscheinlich hätte dies in ihm jene Schicht berührt, aus der diese Bilder in die Welt hinausprojiziert wurden.

Dunkelheit, das Chaos, das Urmeer oder der Urozean, der alles zu verschlingen scheint, sie alle sind die Ausgangspunkte des Lebens, nicht die Endpunkte. Sie erhalten das Leben, erneuern es und zeigen vorbildlich, wie sich die Schöpfung in jedem von uns vollzieht, immer wieder. Der lebenserhaltende Urstrom Okeanos fließt immer weiter, als ewiger Strom des Lebens.

Ist es verwunderlich, daß unsere Vorfahren den großen Gott des Wassers, des Lebensstromes, verehrten und zu ihm beteten? Nachdem alles aus ihm seinen Ursprung genommen hat, fließt er weiter, einfach immer weiter. Versuchen Sie doch einmal, diesen großen Strom der Kraft zu spüren, zu ahnen, daß er auch Sie trägt. So wie Erde und Mensch vom Grundwasser leben, so weiß die Seele um die Kraft des Lebensstromes.

Eines sei hier noch vorwegnehmend gesagt: Die Kräfte des Anfangs, der Urzeit sind noch ungeformt. Sie tragen in sich aber den Keim aller Formen und Farben. „Befruchtet vom Wind legte die Urnacht ihr silbernes Ei in den Riesenschoß der Dunkelheit." Erste Formen deuten sich an, ursprüngliche Konturen zeichnen sich ab. Der Keim allen Lebens, das Ei, ist schon erkennbar.

Heute würden wir von einem Informationsträger sprechen, der sich im Riesenschoß des weiblich-mütterlichen Anfangs entfaltet. Der indische Mythos sprach nicht vom Ei, sondern vom Atem als dem einzig Unterscheidbaren im Gewoge des Anfangs. Gibt es ein schöneres Bild für den Anfang des Lebens als den ersten Atemzug des Alls? Und eine schönere Gewißheit als die Verankerung dieses immer wieder möglichen ersten Atemzugs in unserem Leben, nicht nur am Tag der Geburt?

Im Dunkel warteten
die Schöpfer

„Im Dunkel warteten die Schöpfer,
Gestalter, Vorväter:
Der Planer, der Former, der Erfolgbringer,
Urmutter und Urvater,
auch die Federschlange,
die großmächtige Gebärerin.
Sie waren in der Leere allein.
Ihr Wesen ist große Kunde und Weisheit.
Sie sind diejenigen, die Ideen haben,
die ein Kind vom Nichts zu etwas bringen.
Und die Zeit war gekommen.
Die Schöpfer begannen, in der Dunkelheit
miteinander zu sprechen.
Sie überlegten, fragten und berieten sich,
was da werden solle.
Sie planten den Beginn des Lebens,
das Wachstum der Wälder
und die Erschaffung der Wesen,
die ihre Schöpfer rühmen sollten.
Sie besprachen alles,
bis ihre Ideen übereinstimmten
und – wie Kristalle – feste Formen annahmen.“

Aus dem Popol Vuh[13]

Diese Leit-Bilder meiner weiteren Überlegungen entnehme ich wieder dem „Buch des Rates" der Mayas und seiner großartigen Schöpfungsvision. Sie seien ergänzt durch eine Schöpfungsgeschichte, die noch heute bei den Navaho-Indianern erzählt wird:

„Dunkel und unsichtbar war die erste Welt
am Anfang allen Seins,
so dunkel wie die Wolle schwarzer Schafe.
Diese Welt der dunklen Erde war klein,
eine winzige Insel
auf dem unendlichen Weltennebel.
Vier Himmelsrichtungen gab es,
und über jeder lag eine Wolke.
In der Mitte aber wuchs die Weltenkiefer,
von der alle Kiefern
ihren Anfang genommen haben.
Die vier Wolken enthielten das Wesen
dieser ersten Welt,
die gestaltlos war,
und jede Wolke hatte eine bestimmte Farbe.
Die schwarze Wolke enthielt das Weibliche,
das in ihr war wie das Kind im Leibe der Mutter.
Die weiße Wolke aber war das Männliche,
das wie das erwachende Licht,
wie die Dämmerung war,
von der alles seinen Ausgang nimmt."

Erster Mann und die Ordnung der Welt [14]

Mit etwa achtzigtausend Menschen ist das Navaho-Volk der größte der überlebenden Indianerstämme in den Vereinigten Staaten. Es steht ganz außer Zweifel, daß ihr Überleben eng mit der lebendigen Beziehung zu ihren Mythen zusammenhängt. Das ist vielfach bezeugt. Wer vom Untergang oder der Ausrottung bedroht ist, als einzelner oder als ganzes Volk, erlebt im Mythos und im regelmäßigen Wiederholen seiner heiligen Geschichten und Überzeugungen, in der Versenkung in seine alte Tradition eine lebenserhaltende und lebenserneuernde Kraft.

Dunkel war es am Anfang allen Seins. Aber es herrschte nicht jene Dunkelheit, die für unser menschliches Verständnis das absolute Ende aller Zeiten bedeutet. Diesen Gedanken gibt es in den Schöpfungsgeschichten nicht. Sie verweisen immer auf das Werden. In und aus der Dunkelheit entsteht das Leben, Pflanzliches keimt im Schoß der Erde, Tier und Mensch wachsen in der Lichtlosigkeit des Mutterleibes heran, bis die Zeit der Geburt gekommen ist. Der Lebenskeim selbst „weiß" darum zwar noch nicht, wenn wir „wissen" im Sinne von „bewußt wahrnehmen, bewußt erkennen oder bewußt denken" bestimmen. Er wächst unbewußt dem Licht, jenem großen Augenblick jeder Schöpfung und Geburt, entgegen. Und doch „weiß" er auf einer anderen Ebene um sein Leben und sein Schicksal, beginnt es zu vollziehen nach den für ihn geschriebenen Gesetzen. Er kennt seine Ordnung, auch wenn er sie noch nicht auszusprechen vermag. Er weiß um seine Ziele, auch wenn er sie noch nicht vor Augen hat oder, wie Pflanze und Tier, wahrscheinlich nie in dem uns geläufigen Sinn vor Augen haben wird. Aber das Werden und Wachsen ist vom Bewußtsein unabhängig. Leben erwächst aus der Dunkelheit des Anfangs. Wir schauen deshalb in das Dunkel hinein, wartend und hoffend, weil aus ihm etwas entgegenkommen wird, das weiterführt. Eigentlich könnten wir das ohne Angst und voller Interesse tun, die alten Geschichten berechtigen und ermutigen uns dazu.

Wahrscheinlich ist es aber die wiederholte bittere Erfahrung unseres eigenen Lebens, daß der Schrei des Kindes in die Dunkelheit in den ersten Wochen und Monaten seines Lebens oft oder immer ungehört verhallte. Dann blieb das Dunkel wirklich undurchdringlich, oder es ertönte nur der irritierte Schrei eines nervösen Vaters oder einer überlasteten Mutter, die ihren Schlaf oder ihre Ruhe wollten.

Dunkelheit war immer ein Symbol der Gegensätze. Das Böse verbinden wir mit ihr, das Unheimliche, und das Bergende, Beruhigende, denn wir können die Umgebung nicht mehr überblicken. Weil die Dunkelheit zu den Urbildern der Schöpfung gehört, ist der erzieherische Umgang mit dem Dunkel der Nacht so wichtig. Voller Vertrauen muß das Kind in die Nacht hineingleiten, beschützt vom Wissen um die Anwesenheit eines vertrauten Menschen. Dann bleibt die Nacht jenes Erlebnis, das einen neuen Tag ermöglicht. Nicht nur Kinder brauchen ein Licht, um einschlafen zu können. Die Dunkelheit beleben wir mit unseren Phantasien. Wird das Bewußtsein nicht von außen angeregt, werden die inneren Bildbereitschaften lebendig, manchmal bedrängend. In den kindlichen Angstphantasien zeigt sich sehr genau, welche Bedürfnisse unterhalb der Schwelle des Bewußtseins lebendig sind und auf Verwirklichung drängen. Je mehr ein Kind glaubt, die Mutter nur als „liebe, liebe Mami" sehen zu dürfen, um so bedrängender werden die Ängste vor der Hexe, die nachts erscheint. Für das Kind liegt die Welt noch

„wie im Schlaf", sie ist nur für wenige wache Augenblicke, und auch dann nur in Teilen, wahrnehmbar.

Ganz am Anfang ist die nährende Brust der Mutter mit der Welt als Ganzem identisch, wir können beide noch nicht voneinander unterscheiden. In der Psychotherapie hat man zwischen dem Erleben einer guten und einer bösen, keine Nahrung spendenden, sondern sich immer entziehenden Brust unterschieden. So sieht es für den Erwachsenen aus, für das Kind ist es eine gute oder eine böse Welt, eine Welt, der es sich voller Vertrauen zuwendet oder vor der es sich instinktiv zurückzieht. Wir müssen hier bedenken, daß das keine bewußten Akte des Kindes sind, es sind Lebensvollzüge nach angeborenen Gesetzen. Unter bestimmten Bedingungen wächst Vertrauen, das Ur-Vertrauen als Grundlage des Lebens, und unter anderen Bedingungen wächst es kaum oder gar nicht. Die Welt, das Leben bleiben dann feindselig, gefährlich; wir glauben, uns vor ihr schützen zu müssen, wir begegnen allem mit Mißtrauen.

Die Möglichkeit, unsere Umgebung in diesem polaren Sinne als gut und böse zu erleben, ist archetypisch, artgemäß in uns angelegt, wird sich also auch immer wieder verwirklichen. Hier, in der Dunkelheit, gründet auch die Hoffnung, ja die Gewißheit, daß es so dunkel nicht bleiben, so nicht weitergehen kann. „Immer wenn du meinst, es geht nicht mehr, kommt von irgendwo ein Lichtlein her", solche und ähnliche kleine Verse haben viele Menschen von Eltern und Großeltern mit auf den Weg bekommen. In ausweglosen Situationen halten wir uns daran, erinnern wir uns an sie wie an eine tröstende

Gewißheit. Beim Lesen der Schöpfungsmythen werden wir darin bestärkt: Im noch ununterscheidbaren Dunkel ist der Keim des Neuen enthalten.

Für den Navaho-Indianer war die Erde am Anfang eine winzige Insel auf dem unendlichen Weltennebel, aber eben doch schon ein erster fester Grund, ohne den Leben offenbar nicht wachsen kann (vergleiche das Kapitel „Die herrlichen Hügel des Uranfangs"). Ergreifend ist das Bild der vier Wolken, die über den schon vorhandenen Himmelsrichtungen liegen. Richtung ist zugleich Ordnung der Kräfte, erste Gestalt im noch fast gestaltlosen Chaos, zwar noch kaum wahrnehmbar und doch schon spürbar als Drängen und Ziehen, als Getriebenwerden, als Ursprung und Ziel; ein verheißungsvolles Versprechen für den, der ohne Ziel umherirrt, verloren in Zeit und Raum. Im unendlichen Weltennebel ist sie da, die Richtung. Und die Wolken vervollständigen das Bild erster Gestalten.

Nicht nur sie haben sich als Vor-Formen aus dem völlig formlosen Nebel gebildet, auch die Dunkelheit der großen Urwolke, dem Nebel entsprechend, lichtet sich zur Farbe: „Jede Wolke hatte eine bestimmte Farbe." Und mehr noch: Sie enthalten die Keime des Mannes und der Frau, des ersten Paares, das zu fast jeder Schöpfungsgeschichte früher oder später gehört und die Bedeutung der Paarbeziehung nicht nur für die Zeugung des Kindes als Urbild zeigt. Auch der Nebel, in dem die Orientierung so schwierig ist, offenbart seine Struktur, wenn die Zeit dafür gekommen ist.

Sehr früh wußte der Mensch um die Lebenskraft des Keimes und des Samens. Neben den großen mythischen Bildern gibt es bei allen Völkern Geschichten, die in volkstümlicher Form noch einmal erzählen und bis in alle Einzelheiten ausmalen, was die kosmischen Visionen enthalten. Vishnu, eine Gestalt des Absoluten Einen der indischen Religion, liegt unbeweglich ausgestreckt auf einer Schlange, die auf dem unbewegten Weltozean schwimmt – hier wieder das Bild des Urmeeres. Dieser Ozean stellt sowohl die absolute Totalität wie die Noch-nicht-Entfaltung der Welt dar, ihre Einheitlichkeit und ihre Nicht-Bewegung. Ein Bild des Uranfangs, wie wir es schon kennen. Und jetzt die entscheidende Ergänzung: Im Magen Vishnus geht ein Weiser, er heißt Markandeya, spazieren und sieht dabei alle Welten, die aus dem großen Gott hervorgehen werden, im Keim[15]. In einem anderen Mythos heißt es: Als das Universum noch so unerkennbar war, als ob es in Schlaf gesunken wäre, wünschte der Herr, der Gott, aus seinem Leib andere Kreaturen hervorzubringen. Da schuf er das Wasser und legte einen Keim hinein, aus dem ein goldenes Ei wurde[16]. An anderer Stelle steht es folgendermaßen:

„Im Anfang aller Dinge wandelte er,
der Eine, sich um in einen Goldkeim.
So durch sich selbst zustandgekommen,
ward er dann der Herr des Gewordenen.
Fest hingesetzt hat er die Erde
und dann auch diesen Himmel da."

Aus dem Rig-Veda[17]

Und noch ein letztes Bild aus der Fülle dessen, was die Menschheit seit alters kennt:

„Dunkel war im Anfang,
von Dunkel verborgen
alles ein unbestimmtes Gewoge.
... aber durch die Macht seiner Glut
brachte Tad (der Atem) sich selbst
zum Entstand.
Zeugungslust,
aus dem bloßen Gedanken entsprungen,
wandelte im Anfang das Eine an,
sie ward zum ersten Samen der Dinge."[18]

Diese Texte sprechen für sich, je öfter man sich ihnen voll zuwendet. Diese Wechselwirkung zwischen dem betrachtenden Leser und den Bildern und Geschichten des Mythos enthüllen seine Lebendigkeit und schöpferische Kraft. Im anfänglichen Dunkel ist der Keim, der goldene, enthalten.

Von Gold wird immer dann gesprochen, wenn die Zeit in die Ewigkeit fließt, wenn endlose Dauer versinnbildlicht werden soll. Zugleich ist Gold bis heute ein Symbol höchster Werte geblieben. Die „ewige Liebe" zweier Menschen erscheint im goldenen Ring wieder, den sie sich schenken und der in seiner runden Form einen weiteren Hinweis auf die Zeitlosigkeit enthält. Königliche und göttliche Würden fanden im Gold, in der goldenen Krone, im vergoldeten Abbild einer Gottesstatue ihren sinnlichen Ausdruck. Es war ursprünglich nicht Reichtum, wie wir ihn kennen, der sich in Gold und Edelsteinen zeigte, sondern der Versuch des Menschen, seine höchste Verehrung zu erweisen. Der Goldkeim verbindet beides: höchsten Wert, ewige Dauer oder ewige Wiederkehr und den fortwährenden Anfang allen Werdens. Ist es nicht eine tröstende Gewißheit, um den Goldkeim zu wissen, der in allen Dunkelheiten liegt? Das mythische Bild symbolisiert solche Sicherheit, die Kraft dieses sich ständig erneuernden Lebens ist ein Grundbaustein der Welt, deren lebendiger, mit ihr vielfach verwobener Teil die Menschheit und jeder einzelne ist.

Wenn ein Mensch, der tief von seiner Minderwertigkeit überzeugt war und sie vielleicht durch dicke goldene Ringe oder auffallenden Schmuck auszugleichen beziehungsweise zu verbergen suchte, wieder von seinem „inneren Reichtum", seinem Goldkeim weiß, ist das eine große Befreiung. Er wird die störenden Auffälligkeiten, die ihm in der Regel nicht nur Bewunderung und Anerkennung, sondern Spott im Sinne von „der hat's wohl nötig" eintrugen, nur zu gern beseitigen. Er spürt, er hat es eben nicht mehr nötig. Und doch war sein Schmuck die letzte, schon fast verlorene Ahnung vom göttlichen Goldkeim. Das Leben aber wird besser gelingen, wenn das schmückende Gold wieder mit der Gewißheit vom inneren Goldkeim verbunden, eine Brücke von außen nach innen geschlagen wird. So wird Reichtum wieder zu Reichtum.

Wie vom Gold läßt sich in ähnlicher Weise vom Atem sprechen, dem anderen göttlichen Symbol der eben angeführten Texte. In gewisser Weise widersprechen sie sich in ihrer Bedeutung, das Gold und der Atem. Wie rasch entflieht ein Atemzug. Und doch ist er die Gewähr des fortbestehenden Lebens. „Solange er noch atmet, gibt es Hoffnung", sagt man vom Schwerkranken. Und wie oft wird der erste Atemzug bejubelt, der letzte Atemzug in dieser Welt von Angehörigen betrauert. Beim Atmen ahnen wir etwas von den Geheimnissen des Lebens. Uralte

Erfahrung und Überlieferung bilden den Hintergrund echter Atemtherapie. Der Atem wurde zum ersten Samen aller Dinge, aus ihm geht das Leben hervor, er gewährleistet es.

Dem Abendländer ist viel altes Wissen verlorengegangen. In der Ratlosigkeit der Gegenwart suchen wir nach dem, was wir schon seit Urzeiten wissen.

Das „Buch des Rates" sagt: Und die Zeit war gekommen, die Ideen bekamen konkrete Gestalt, ein Kind entstand aus dem Nichts. „Zeit" meint immer geordnete Abfolge. Die Aussage kann darauf hinweisen, daß jetzt die *Zeit* gekommen und ins Dasein getreten ist, ab jetzt gehört sie dazu. Es kann aber auch heißen, daß der Zeit-*Punkt* gekommen und die Zeit erfüllt ist, wie es die Weihnachtsgeschichte der Christenheit verkündet. In einer anderen Textausgabe des Popol Vuh heißt es:

„Unbeweglich und stumm war die Nacht,
die Finsternis.
Aber im Wasser, umflossen von Licht,
waren diese:
Der Schöpfer, der Former,
der Sieger und die Grünfederschlange,
Urmutter auch und Urvater, die Erzeuger.
Unter grünen und blauen Federn
waren sie verborgen,
darum sagt man Grünfederschlange.
Große Weisheit und Große Kunde ist ihr Wesen.
Darum gab es den Himmel
und des Himmels Herz,
dessen Name ist Der-im-Dunkeln-sieht.
So wird berichtet."[19]

Der Goldkeim leuchtet, im Dunkel ist das Herz des Himmels, sehend und wissend.

In der Arbeit mit Menschen, die psychotherapeutische Hilfe brauchen, ist dies ein großes Erlebnis: Die Dunkelheit wird lebensverheißend, sie ist nicht mehr die fatale Prophetin des Todes, des Nichts und der Sinnlosigkeit, sondern sie wird zum Schoß des Goldkeims. Aus ihm entsteht alles Leben.

Die psychotherapeutische Arbeit lebt von diesen hier angedeuteten Fähigkeiten des Menschen. Das sind die Kräfte, die eine Selbstheilung der Seele und ihrer Erkrankungen ermöglichen. Nicht nur in der Psychologie wird dies deutlich, wenn dort auch in bewußterer und methodisch geförderter Form. Wenn wir im Alltag einen Menschen in seiner persönlichen Not begleiten und „das erlösende Wort" finden, was wird denn eigentlich erlöst? Ein Stück Schöpfungsgeschichte können wir beobachten, wenn das Dunkel sich lichtet und die Augen hell werden. Der andere sieht plötzlich klar, sieht eine Lösung, hat eine neue Idee, spürt eine neue Richtung, sieht ein Ziel, das er verfolgen möchte. So drücken wir es in unserer modernen Sprache aus. Wir könnten auch sagen, er hat das Leuchten des Goldkeims gesehen, ist einem der Gestalter im Dunkel begegnet oder hat das klopfende Herz des Himmels gehört und dem seine Hand gereicht, der im Dunkeln sieht. Das ist die Verbindung zu den alten Bildern, zu den großen Träumen der Menschheit, die uns heute noch leiten. Sie entstanden in der Seele, wurden von Sehern und Propheten erzählt und gestaltet und fließen heute, gewissermaßen von außen, zu uns zurück. Es ist, als ob wir uns von draußen wieder heimholten und wiederfänden. Die

Grenzen von innen und außen, von Mikro- und Makrokosmos sind aufgehoben, wie heute auch in der Physik. Der Himmel, des Himmels Herz, dessen Name lautet: „Der-im-Dunkeln-sieht", kommt nahe. Diese Gabe im Sinne der Begabung in uns zu wissen, das ist fast nicht mehr mit Worten zu schildern. Mein Herz und des Himmels Herz, so nah zusammen, meine Ausweglosigkeit und „der im Dunkeln sieht". Ich glaube, man muß sich diese an den Bildern gewissermaßen entlanggleitenden Gedanken immer wieder verdeutlichen, um ihr Kraftfeld zu spüren.

Was entsteht aus dem Goldkeim, dem silbernen Ei, das im Schoße der Dunkelheit liegt?

Das Welten-Ei

„*Am Anfang war Eurynome,*
die Göttin aller Dinge.
Nackt erhob sie sich aus dem Chaos.
Aber sie fand nichts Festes,
darauf sie ihre Füße setzen konnte.
Sie trennte daher das Meer vom Himmel
und tanzte einsam auf seinen Wellen.
... Dann nahm Eurynome
die Gestalt einer Taube an,
ließ sich auf den Wellen nieder
und legte zu ihrer Zeit das Weltei.
Auf ihr Geheiß wandt sich Ophion
siebenmal um dieses Ei,
bis es ausgebrütet war und aufsprang.
Aus ihm fielen all die Dinge,
die da sind:
Sonne, Mond, Planeten, Sterne,
die Erde mit ihren Bergen und Flüssen,
ihren Bäumen, Kräutern und lebenden Wesen."

Pelasgischer Schöpfungsmythos[20]

Dieser Schöpfungsmythos ähnelt dem schon angeführten, der hier noch einmal in anderer Form zitiert sei:

„Die schwarz geflügelte Nacht,
eine Göttin,
vor der selbst Zeus in Ehrfurcht stand,
wurde vom Wind umworben
und legte ein silbernes Ei
in den Schoß der Dunkelheit;
Eros, den manche Phanes nennen,
entschlüpfte diesem Ei
und setzte das All in Bewegung.
... Die Göttin selbst zeigte sich in der Dreiheit
von Nacht, Ordnung und Gerechtigkeit."

Orphischer Schöpfungsmythos[21]

Die Polynesier auf Tahiti verehren einen Schöpfer-Gott namens Ta'aroa. Von ihm wird erzählt, daß
er sich in seiner Muschel oder Schale als ein rollen-
des Ei im grenzenlosen Raum, dem Urstoff der Welt,
bewegte:

„Es war eine sehr lange Zeit,
in der Ta'aroa in seiner Schale blieb.
Sie war rund wie ein Ei
und bewegte sich in Umdrehungen
durch den fortwährend dunklen Weltraum.
Es gab keine Sonne,
keinen Mond, kein Land, keinen Berg,
alles war in einem fließenden Zustand.
Es gab keinen Menschen, kein Tier, keinen Vogel,
keinen Hund, kein lebendes Wesen,
kein Meer, kein Wasser.
Ta'aroa saß in seiner Schale
auf engstem Raum eingesperrt,
und schließlich klopfte er daran,
sie bekam einen Riß und brach auf."[22]

40

Dieses Motiv, das kosmogonische Ei, findet sich in den Überlieferungen vieler Völker. Auch der Mensch wird aus einem Ei geboren; die Vorstellungen über die Entstehung des Kosmos werden zum Modell der Menschwerdung; die Schöpfung des Menschen ahmt die des Kosmos nach und wiederholt sie[23].

Auch die Erneuerung der Natur wird mit diesem Symbol in Verbindung gebracht. Die Ostereier erinnern jährlich daran und verheißen einen neuen Frühling. Wir meinen heute zwar, er käme auch ohne die Ostereier, unsere Vorfahren aber wußten es anders: Die innere Verbindung des Menschen mit der wiedererwachenden Lebenskraft der Natur und die Wahrnehmung seiner entsprechenden Verantwortung im Laufe des Jahres garantiert deren Fortbestehen. Und ist es nicht so, auch nach modernen Erkenntnissen? Nur das Wissen um die Gesetze der Erneuerung und des Kreislaufs in der Natur kann ihre Ausbeutung und letztlich die Vernichtung der Erde und des Lebens verhindern. Aber dieses Wissen ist vor allem ein inneres Geschehen und eine tragende Idee, gegründet auf ein heiliges Bild in unseren Herzen und Köpfen, ein Urbild der Psyche. (Hier sei nur erwähnt, daß auch die Ideen zur totalen Vernichtung in den Köpfen und Herzen entstehen.) Der Mensch muß sich offenbar diese Tatbestände immer wieder vorstellen und sich an sie erinnern, sonst greift er unerlaubt und größenwahnsinnig in göttliches Geschehen ein, in Lebensvollzüge, die jenseits seiner Existenz begründet sind. Hat er sie einmal aus diesen Grundfesten herausgerissen, wurzeln sie sich nicht wieder ein. Ausgerottete Arten kehren nicht zum Leben zurück. Davon kündet jeder Mythos. Nur wußten unsere Vorfahren noch, daß sie die Mythen vom Ursprung jährlich in großer Verantwortung und hohem Respekt von neuem in ihren Riten begehen mußten. In diesem Sinne sind eben die Bilder wahr und zerstörungsmindernd. Vielleicht wurde deshalb „die Erinnerung", die Göttin-Mnemosyne, schon am Anfang der Schöpfung mitgeschaffen? Vergessen wir zu schnell und zu leicht? Bedarf es dieser grundlegenden Fähigkeit des Gedenkens für die Erhaltung des Lebens?

Bei den Ostereiern handelt es sich also nicht nur um ein harmloses Geschehen, an dem wir Freude haben, das aber an sich nichts mehr bedeutet. Sie erinnern jährlich an das Welten-Ei, aus dem einstmals das All entstand. „Die rituelle Bedeutung des Eies (hat) nichts mit seiner empirisch-rationalistischen Wertung als Keim zu tun. Es inkarniert hier vielmehr ein Symbol, das sich nicht so sehr auf die Geburt als auf die *Wiedergeburt* nach einem kosmogonischen Modell bezieht."[24]

Natürlich entspringt das Leben aus dem Ei, das hat der Mensch der Frühzeit auch beobachtet. Aber ein Welten-Ei hatte auch er nicht gesehen. Und trotzdem gab er seinen Toten Toneier mit ins Grab, was wir nur so verstehen können, daß er deren Wiedergeburt gewährleisten wollte. Das Leben entschlüpft dem Ei, die Wiedergeburt des Menschen symbolisiert sich im Ei. Es gab den Toten das Geleit zum neuen Anfang. Im Totenritual der Ägypter, dem Osiris-Ritual, werden Eier modelliert, und in manchen Gräbern tragen Statuen ein Ei in der Hand als Symbol des wiederkehrenden Lebens.

In diesem Zusammenhang ist es bemerkenswert, daß in christlichen Ländern vor allem die Eier

„mächtig" sind, die am Gründonnerstag oder am Himmelfahrtstag gelegt wurden. Die alten Vorstellungen von der Erneuerung der Natur und ihrer Fruchtbarkeit verbinden sich hier mit der Gestalt des sterbenden und wieder auferstandenen Gottessohnes und Erlösers. Das Urbedürfnis erscheint im neuen Gewand, die herrschende Religionsform muß sich in den seit Urzeiten vorgegebenen Rahmen einfügen. Das wird von der Priesterschaft der jeweils neuen Götter zwar verleugnet und auch bekämpft, nie aber ist es vernichtet worden. Die alten Bilder gehören zum Grundbestand des Lebens, zeigen sich jeweils im neuen, zeitgemäßen Gewand. In vielen französischen Landgegenden laufen die Chorknaben der Kirche zu Ostern von Hof zu Hof und erbitten Eier. Die Lebenskraft wird in symbolischer Form eingesammelt, ihre Wiedererstehung damit dargestellt[25].

Es ist beeindruckend, wie sich die Urbilder der Seele erhalten; keine neuen Götter der Eroberer, keine Hexenprozesse, keine Folter konnten sie auslöschen. Auch das ist eine Garantie der Wiederkehr des Lebens und seiner Unzerstörbarkeit. Die Rahmenbedingungen des Menschseins können nicht gesprengt werden. Modernste Theorien, etwa die auf der Kenntnis der kybernetischen Regelkreise fußende Systemtheorie, welche die heutige Umwelt- und Ökologiedebatte stark beeinflußten, sind im Grunde Neuauflagen der Vorstellung vom kosmischen Ei, in dem schon alles mit allem verbunden war, dem Ursprung des großen Netzes der Schöpfung.

Die eingangs wiedergegebenen Visionen der alten Seher sind von erhabener Schönheit. Sie weisen

43

zurück in jene Zeit, die wir heute Matriarchat nennen, in denen nicht ein männlicher Gott, sondern die große Göttin Herrin des Alls war. Es war jene Zeit, in der Vaterschaft noch unbekannt, das Erbrecht und die Verwandtschaft mutterrechtlich bestimmt waren[26]. Die Göttin wurde verehrt als große Gebärerin, als Mutter und Tochter, als göttliches Mädchen. Auch das göttliche Kind ist ihr eng verbunden. In dem hier angeführten Text erscheint sie als „Anfang", Männliches entsteht erst durch ihre reibende und schöpferische Bewegung (siehe Kapitel „Schwanger wehte sie der Windstoß"). In Gestalt einer Taube legt sie das silberne Welten-Ei im orphischen Mythos. Silber nun ist das Metall des Mondes und ein weiterer Hinweis auf die allumfassende Weiblichkeit des Göttlichen für den Menschen jener Zeit. Auch Flüsse und Flußmündungen waren damals weiblich, so daß der schon angeführte Okeanos sicher ursprünglich ebenfalls eine Ausdrucksform der großen Allmutter gewesen und erst in späterer Zeit mit männlichem Zeichen versehen worden ist. Die Mythen spiegeln überhaupt den dramatischen Übergang vom Matriarchat zum Patriarchat in vielfältigster Form, dies sei hier nur am Rande erwähnt.

Die Existenz einer dem Ursprung von Anfang an innewohnenden Ordnung war schon angedeutet worden. Sie zeigte sich in der vierfältigen Richtung des Himmels, in den schöpferischen Ideen, die in der Dunkelheit wohnen. Hier tritt sie genauer in der Dreiheit von Nacht, Ordnung und Gerechtigkeit hervor. Nicht allein die Lebewesen entspringen dem Ei, die Göttin selbst erscheint in einer Dreieinheit grundlegender Prinzipien, die bis heute Voraussetzungen jedes gesellschaftlichen Lebens geblieben sind. Mit der Nacht ist die Regelmäßigkeit zeitlicher Abfolgen zumindest angedeutet – die Nacht gebiert den Tag. Die Ordnung nun ist archetypische Grundform jeglicher Regel, jeglichen Maßes, was auch für die Zeit gilt, und letztlich jeglicher Form. Die Gerechtigkeit bleibt ein noch längst nicht erreichtes Ziel, das schon in den Anfängen der Schöpfung gesehen wurde. Nacht und Ordnung seien hier nicht weiter kommentiert, aber einige Bemerkungen zur Gerechtigkeit sollen folgen.

Wie tief Ungerechtigkeit empfunden wird, wissen wir nicht nur aus eigenem Erleben; Gerechtigkeit ist eben schon im Grundmodell des Kosmos und seiner Struktur enthalten. Sie ist ein existentieller Rahmen, aus dem wir nicht herauskommen. Unser Leben wird sich immer auf die Polarität von Gerechtigkeit und Ungerechtigkeit beziehen, sie sind grundlegende Koordinaten. Auch die Mühe, die die Menschheit auf die Ausarbeitung von „Recht und Ordnung" verwendet hat, die Faszination, die noch in der heutigen Politik davon ausgeht, hat hier ihren Ursprung. Der Kosmos folgt von Anbeginn an diesen Formen, der „Former" war einer der Götter des Anfangs in der Dunkelheit. Und Form bezieht sich auf Ordnung und Regel. Das Prinzip der „ausgleichenden Gerechtigkeit" scheint ein steuerndes Moment in den inneren Beziehungen der Generationen zueinander zu sein. Die Nachkommen übernehmen die „offenen Konten" der Vorfahren; Söhne und Töchter versuchen auszugleichen, was das Schicksal im Leben der Großeltern und Eltern „versäumt" hat. Das sind unsichtbare Bindungen, die Generationen überdauern und Lebensschicksale bestimmen.

Viele Menschen sind schon für eine „gerechte Sache" gestorben, das Herstellen von Gerechtigkeit rechtfertigt jedes Opfer. Im biblischen Sprachgebrauch sind der Gerechte und der Ungerechte zu zentralen Gestalten geworden, die die kosmischen Prinzipien darstellen, an die auch der biblische Gott im Alten wie im Neuen Testament gebunden bleibt. Die Gerechtigkeit ist zur großen christlichen Tugend erhoben worden.

Ich breche diese Überlegungen hier willkürlich ab, denn ich wollte nur zeigen, wie die Grundformen des Anfangs das Leben bis in die Neuzeit prägen und die Wertvorstellungen jedes einzelnen begründen[27].

Wir tragen den Goldkeim, wir tragen das kosmische Ei in uns. Mit jedem Menschen entsteht die Welt mit ihren Ordnungen und der Möglichkeit, Gerechtigkeit zu wirken, neu. Insofern erhält der Mensch sogar die Welt und die Götter, sind diese von seiner Existenz abhängig. Dies ist ein Gedanke, der von Anfang an mit der Erschaffung des Menschen verbunden war. „Damit er sich ihrer heiligen Herden annehme, erhielt der Mensch den Lebensatem." Sonst blieben die Götter bedroht und ungesättigt. Diese Antwort gaben die Sumerer auf die Frage: „Warum der Mensch?", und nicht nur sie[28].

Die „heiligen Herden der Götter" sind auch ein Bild der Erde. Danach verfehlt der Mensch den Sinn seiner Existenz, wenn er diese Herden nicht mehr hegt und pflegt. Er ruft damit den Zorn der Götter hervor, die dann diese Wesen, die ihrer Aufgabe nicht gerecht werden oder deren Erfüllung verweigern, wieder vernichten, auch wenn sie sie einmal in bestimmter Absicht geschaffen haben. Beeindruckende Bilder dieses Geschehens werden später dargestellt (vergleiche Kapitel „Die ewigen Gesetze"). Der Mensch verletzt Grundgesetze, auch dies haben die alten Seher schon geträumt und vorhergesehen. Viele – und notwendige – Bücher über die heutigen Umweltprobleme könnte man in diesem einen Satz zusammenfassen: „Damit er sich ihrer heiligen Herden annehme, erhielt der Mensch den Lebensatem." Seine Aufgabe ist damit ganz klar angegeben. Er hütet die Herden für die Götter, nicht für seine eigenen Schlachthöfe, auch wenn ihm gestattet ist, sich selbst gut zu ernähren. Das Ziel seines Tuns bleibt nicht er allein, es weist über ihn hinaus und stellt ihn damit auch in einen größeren Sinnzusammenhang, in die weitreichende Verantwortung, aber auch umfassende Geborgenheit der von Gott gestellten Aufgabe, so sagen es die alten Geschichten.

Der Mensch sorgt für die ewige Existenz der Götter. Vielleicht rettet ihn das vor dem endgültigen Untergang, nicht seine eigene Weisheit? Dies wäre auch eine Begründung unserer Hoffnung.

Aber folgen wir dem Bild des Welten-Eies, so gibt es keinen Untergang, sondern nur die ewige Wiederkehr des Lebens. Noch einmal, und nicht zum letzten Mal, zeigt sich die positive Grundstimmung der Schöpfungsmythen, auch wenn viele tragische Geschichten mitberichtet werden. Diese sind aber meistens ein späteres Produkt, keine Bilder des Anfangs. Da steht die Gewißheit des ewigen Lebens.

Bei den Polynesiern befand sich der Schöpfer-Gott Ta'aroa im All-Ei. Für die Navahos entstand in der Urzeit Großer Wassergeborener Coyote. Er sagte zu Erster Mann und Erste Frau, daß er aus einem Ei geschlüpft sei. Sie sahen seine Macht und Weisheit und vertrauten sich seiner Führung an[29].

So gesehen, gibt es eigentlich kein Chaos, das nicht seinen Kosmos, seine Struktur schon in sich birgt. Wenn in den Schöpfungsmythen das Wort Chaos verwendet wird, so hat es auch nicht den Sinn, den wir ihm heute unterlegen. Es birgt den Keim aller Ordnungen in sich. So können wir folgern, daß auch das chaotischste Leben, in dem Weg und Ziel, Sinn und Ordnung kaum noch sichtbar sind, diese Möglichkeiten enthält. Es enthält die Weisheit und Macht, der man sich anvertrauen kann, gewissermaßen kann Großer Wassergeborener Coyote in jedem von uns neu entstehen. Die psychotherapeutische Arbeit liefert täglich Anschauungsmaterial dafür, wie sich Formen und Richtungen „enthüllen" – auch dieses oft gebrauchte Wort leitet sich wahrscheinlich von diesen Bildern des Uranfangs ab. Das geschieht langsam und Schritt für Schritt, einer jeweils persönlichen Ordnung gemäß. Aber *daß* es eine solche Ordnung gibt, ist arteigen und ursprünglich. Plötzlich können unverstandene, nur passiv oder widerstrebend erlittene Ereignisse nachträglich ihren Sinn zeigen. Neues Urvertrauen wächst auf diese Weise. Ich weiß: In mir gibt es einen, meinen Weg. Diese Gewißheit festigt sich und wird zum tragenden Grund.

Ta'aroa klopfte von innen an die Schale seines Eies, und sie zersprang. Er kam heraus, er trat in Erscheinung. Vorher unsichtbar, zeigt er jetzt Umriß und Gestalt.

Jedes Bild dieser Mythen läßt sich zwanglos aktuellen Lebenssituationen und -problemen zuordnen. Das ist es, was das Netz der Verbundenheit mit ihnen knüpft: das Wiedererkennen dessen, was immer war, in jedem Menschen auf sein Erscheinen wartet und auch offenbar wird, wenn die Zeit gekommen ist. Dann wird der Keim zur Pflanze, das Ei öffnet sich, Ta'aroa der Schöpfer tritt heraus. Um dieses schöpferische Prinzip der Seele zu wissen gibt den Mut zum Neuanfang.

Ta'aroa klopft an, die Schale bekommt einen Riß. Ist es die Angst vor dem Riß in einer heilen, ruhenden, stillstehenden Welt, etwa trauter idyllischer Zweisamkeit, die uns das leise Klopfen in der Seele überhören läßt? Wir können es ruhig ganz ursprünglich nehmen: Wir überhören, daß Ta'aroa in Erscheinung treten will. Ahnen wir etwas von dem unvermeidlichen Riß, der die Voraussetzung des Neuen ist? Diese Bilder sagen es: Ohne die Zerstörung des Eies entsteht die Schöpfung nicht. Letztlich ging auch Ta'aroa das Risiko ein, dann im leeren Raum allein zu stehen. Auch dies ist ein Thema in vielen Schöpfungsgeschichten. Als er aus seinem Ei herausgetreten war, rief er nämlich:

„Wer ist da oben?
Wer ist da unten?
Niemand antwortet.
Er rief:
Wer ist da vorn? Wer ist da hinten?
Wieder antwortete niemand,
nur das Echo seiner eigenen Stimme
kam zu ihm zurück, sonst nichts.
Da rief Ta'aroa:
Oh Felsen, kriech hier her!
Aber da war kein Felsen,
der zu ihm hätte kommen können.
Und er rief:
Oh Sand, krieche hier her!

Aber da war auch kein Sand,
der zu ihm hätte kommen können.
Und es ärgerte ihn, daß ihm nichts gehorchte."[30]

Er stand wirklich völlig allein da. Der Anfang der Schöpfung, jeder Neubeginn geschieht in großer Einsamkeit, auch dies ein Urbild schöpferischer Lebensvollzüge, genügend bekannt. Nur: So *muß* es sein, es geht in dem Rahmen, der uns als Menschen gesetzt ist, nicht anders. Verstehen könnten wir es so, daß um jeden Preis vermieden werden soll, daß schon der Anfang verfremdet wird. Da muß ich mit mir selbst, mit dem Selbst allein sein. Davon wissen alle zu berichten, die sich dieser Urnacht des Neuanfangs ausgesetzt haben oder sich ihr aussetzen mußten. Da kann man keine fremde Einmischung brauchen, selbst die Ratschläge des besten Freundes sind unpassend. Vielleicht erträgt man gerade noch Worte des Trostes oder Zeichen der Nähe in solchen Stunden und Tagen.

Daß Ta'aroa sich ärgerte und nicht sentimental in Traurigkeit versank, hat mich beeindruckt. Die Mythen sind hervorragende Lehrbücher der Lebenserfahrung und der Psychotherapie. Moderne Werke und Erkenntnisse formulieren es keineswegs besser, nur in anderen Worten. Die sentimentale Art von Traurigkeit ist überwiegend verdrängte Wut, ist eigentlich Ärger. Aber Wut stellt gerade die Kraft des Organismus dar, Bestehendes und Bedrohendes zu verändern und neu zu gestalten. In den Mythen drückt sich das oft im Bild der Glut oder Hitze aus. Wir sprechen ja auch von „glühendem Zorn", der dem Zorn der Götter, der die Welt vernichtet, allerdings um eine neue entstehen zu lassen, durchaus ähnelt und entspricht. Von Tad, dem Atem, hatten wir schon gehört, daß er sich „durch die Macht seiner Glut selbst zum Entstand" brachte (vergleiche S. 34).

Aber überlassen wir jetzt Ta'aroa seinem Schicksal – wir können das getrost tun, das Schöpferische hat alle Kraft und Ordnung in sich, die es zur Ausgestaltung des Kosmos als Makro- und als Mikrokosmos braucht – und folgen der Bewegung, die im All jetzt entstanden ist.

Schwanger wehte sie
der Windstoß

Das finnische Kalevala-Epos erzählt:

„Jungfrau war der Lüfte Tochter,
dieses schöne Schöpfungswesen,
lange lebte sie in Reinheit,
alle Zeit in Unberührtheit
in dem langen Luftgehöfte,
auf den ebnen Luftgefilden.
Leidig war sie ihres Lebens,
ihres Daseins überdrüssig,
immer einsam nur zu weilen,
jungfräulich dahinzuleben
in dem langen Luftgehöfte,
in der unermessenen Öde.

Sieh, da steigt sie schon hernieder,
senkt sich auf die Wasserwogen,
auf den offenen Meeresrücken,
auf die weite Wasserfläche;
plötzlich kam ein wilder Windstoß,
aus dem Osten böses Wetter,
hob sie auf die Meeresbrandung,
warf sie auf die wilden Wogen.
Wind trieb hin und her die Jungfrau,
Meereswoge wiegt' das Mädchen
auf dem blauen offenen Wasser,
auf den weiß gekrönten Wellen:

Schwanger wehte sie der Windstoß,
schwellen ließ den Leib die Woge."[31]

Ganz ähnlich beschreibt es der schon einmal angeführte pelasgische Schöpfungsmythos:

„*Eurynome, die Göttin aller Dinge,*
tanzte einsam auf den Wellen,
nachdem sie Meer und Himmel getrennt hatte.
Sie tanzte gen Süden,
und der Wind, der sich hinter ihr erhob,
schien etwas Neues und Eigenes zu sein,
mit dem das Werk der Schöpfung
beginnen konnte.
Sie wandte sich um
und erfaßte diesen Nordwind
und rieb ihn zwischen ihren Händen.
Und, siehe da!
Es war Ophion,
die große Schlange.
Eurynome tanzte,
um sich zu erwärmen,
wild und immer wilder,
bis Ophion, lüstern geworden,
sich um ihre göttlichen Glieder schlang
und sich mit ihr paarte.
So ward Eurynome vom Nordwind,
der auch Boreas genannt wird,
schwanger.
Dann nahm sie die Gestalt einer Taube an..."[32]

Wind, Bewegung, Energie, kosmischer Tanz, ewiger Rhythmus des Alls, wechselnd zwischen Schöpfung, Erhaltung und Zerstörung. Aus der kosmischen Ruhe entsteht die Schöpfung immer aufs neue, aus einem nie nachlassenden Strom kosmischer Energie. Aus der absoluten Ruhe, Dunkelheit und Leere trat sie hervor, die ewige Energie, deren Fluß alle Wesen umgibt und durchpulst.

Als Himmel und Erde noch miteinander verbunden und engstens umschlungen waren, keinen Raum für die Entfaltung des Lebens lassend, war es Enlil, der Herr des Windes, der Erstgeborene dieses göttlichen Paares, der sich dazwischendrängte und buchstäblich „Luft schaffte"[33]. Alltagssprachlich greifen wir auf diese Vorstellung zurück, wenn es uns zu eng geworden ist und wir uns „Luft machen" müssen.

Mit Enlil beginnt Neues, entstehen die jungen Götter. Aber ihr Toben und Schreien stört die Ruhe der beiden alten Götter, des Urpaares. Der Göttervater beklagt sich: „Unerträglich ist mir ihr Benehmen. Bei Tag kann ich nicht ruhen, bei Nacht kann ich nicht schlafen. Ich will sie vernichten, um ihrem Treiben ein Ende zu setzen." Eliade fährt kommentierend fort: „Aus diesen Versen (des Enuma Elisch, des babylonischen Schöpfungsgedichts) ist die Sehnsucht der ‚Materie' (d. h. eines Seinsmodus, der der Unbeweglichkeit und Unbewußtheit der Substanz entspricht) nach der ursprünglichen Unbewegtheit herauszuhören, sowie der Widerstand gegen jede Bewegung, die Vorbedingung der Kosmogonie."[34]

Die vier Winde entstehen, sie vervielfachen und differenzieren die Lebenskraft und dürften in gewisser Weise den vier Wolken entsprechen, von denen die Navahos erzählen (vergleiche S. 28). Die vier Himmelsrichtungen sind heute noch die maßgebenden Orientierungspunkte und entsprechen dem Prinzip der Ordnung, das schon mit der Göttin des Anfangs verbunden war. Aber auch der Kampf um den Fortbestand der erwachenden Welt beginnt, der ewige Streit zwischen Ruhe und Bewegung, zwischen Stillstand und Fortschritt, zwischen Festhalten am Alten und schöpferischem Tun für das Neue. Naiv mag es klingen, aber die jungen dynamischen Götter sind in uns mit ihrem Lärmen und Toben genauso gegenwärtig wie die davon bei ihrem Ausruhen und in ihrer Gemächlichkeit gestörten alten Götter. Sie hatten die Schöpfung hinter sich, sie konnten sich auf den errungenen Lorbeeren ausruhen, denn sie fanden die Schöpfung gut. Der schöpferische Drang, seine Unruhe und Bewegungslust ist eine treibende und beunruhigende Kraft. Wir wissen es genau: Wollen wir Menschen in Bewegung bringen, müssen wir sie beunruhigen. Das gilt natürlich auch für den einzelnen.

Die alten Geschichten bestätigen, daß beides seine ursprüngliche Berechtigung und Notwendigkeit hat: das Ruhende und Träge wie das Drängende und Bewegende, das Alte als Basis, das Neue und Junge als Zukunft und Möglichkeit, vorhandene Wirklichkeit und Realität des Werdens, wenn auch noch nicht materiell oder sozial faßbar. In anderer Form waren wir diesen Tatbeständen schon in den großen kosmischen Prinzipien der Entwicklung und der Verneinung begegnet (vergleiche Kapitel „Urzeit war es"). Das eine kann ohne das andere nicht existieren. Gäbe es denn „jung", wenn „alt" nicht bekannt wäre? Daß etwas jung ist, wissen wir ja nur aus dem Unterschied zum Alten, ganz abgesehen davon, daß nur „die Alten" eine neue Generation zeugen können. Man kann es lernen, beide zu respektieren und gelten zu lassen, in einer lebendigen Polarität von alt und jung zu leben, statt daraus einen sich ausschließenden Gegensatz zu machen. In solchen lebendigen Auseinandersetzungen fließt Energie und wachsen schöpferische Ideen. Die Bewertung „alt ist schlecht und jung ist gut" führt zur Einseitigkeit und entspricht nicht der Dynamik des Seins.

Beim Studium der Schöpfungsmythen ist man immer in Versuchung, das jetzt erkannte Prinzip für *das* Grundprinzip des Kosmos zu halten. Oder ist es die Bewegung, die Energie etwa nicht? Den Indern verdanken wir das einmalige und großartige Bild des tanzenden Shiva, des kosmischen Tänzers, des Königs aller Tänzer als Shiva Nataraja. Bekannt sind die Bronzestatuen, die Shiva Nataraja vierarmig inmitten eines großen Kranzes in einer Haltung vollkommener Harmonie und Bewegung darstellen. Am ihn umgebenden Kranz leuchten und erlöschen abwechselnd kleine Flammen, das ewige Erscheinen und Verschwinden der Welten darstellend. Dies wird gleichzeitig durch die Gesten seiner Hände gezeigt: Die eine hält eine Trommel, den Urklang der Schöpfung symbolisierend, die andere wiederum eine Flamme, das Bild der Zerstörung. Fritjof Capra zitiert in seinem Buch „Der kosmische Reigen" einen tibetischen Lama, der sich selbst „Meister des Tones" nannte und seine Ansicht von der Materie folgendermaßen formulierte: „Alle Dinge sind Ballungen von Atomen, die tanzen und durch ihre Bewegungen Geräusche hervorrufen. Ändert sich der Rhythmus des Tanzes, ändern sich auch die erzeugten Töne... Jedes Atom singt unaufhörlich sein Lied, und der Ton erzeugt in jedem Augenblick dichte und subtile Formen."[35] Capra fährt fort: „Die Ähnlichkeit dieser Ansicht mit der modernen Physik fällt besonders auf, wenn man bedenkt, daß der Schall eine Welle von bestimmter Frequenz ist, die sich mit der Tonhöhe ändert, und daß Teilchen, das moderne Äquivalent zum alten Begriff ‚Atom‘, ebenfalls Wellen sind, deren Frequenzen ihrer Energie proportional sind. Nach der Feld-Theorie ‚singt‘ wirklich jedes Partikel ‚sein ewiges Lied‘ und produziert rhythmische Energiestrukturen (die virtuellen Teilchen) in ‚dichter und subtiler Form‘."

Erinnert das nicht an das Lärmen der jungen Götter, wie es das babylonische Schöpfungsgedicht sagte, an die Bewegung des Windes, der die Göttin schwängert, an den ewigen Fluß der Energie, der in Okeanus erscheint, der die Erde umströmt und erhält? Setzt man sich der Wirkung dieser Bilder und der darin offenbarten Zusammenhänge, ihrem „Ein-Klang" aus, so wird man von jener Bewegung erfaßt, die in den großen Strom der kosmischen Energie einmündet, so wie alle Bäche und Flüsse ins Meer fließen, aller Atem des einzelnen in den großen Raum, der zwischen Himmel und Erde durch den Gott des Windes entstanden ist.

Also ist die Bewegung doch *das* Lebensprinzip? Wir erliegen zu leicht der Versuchung, die Vielfalt, die unser Erkenntnisvermögen übersteigt, rasch zu verringern und die *eine* Kraft zu suchen, die alles verständlich werden läßt. Zwar erzählen uns die Geschichten von dem einen, vom Ei, vom Goldkeim, vom Atem, aber dies ist nur der Ursprung der Vielfalt und des Reichtums, der Farbigkeit und der Mächtigkeit des Lebens. Man kann lernen, ihr standzuhalten, sich dem Wind so auszusetzen wie die göttliche Jungfrau im finnischen Epos.

„Das Haar der Göttin fliegt aufgelöst in ihrem rasenden, selbstvergessenen Tanz, der das Wunder des Samsara (des Reichtums von Geburt und Tod im Wechsel der Inkarnationen) hervorbringt, aber der wahrhaft Fromme läßt sich dadurch nicht erschrecken."[36]

Die Sehnsucht nach Ruhe, nach einem Zustand, in dem alles vorüber, die suchende Seele für immer zu Hause und in einer ewigen Heimat ist, gehört zu den großen Themen, welche die alten Religionen unermüdlich darstellen. Auch dies ist eine endgültige Begrenzung unserer Vorstellungs- und Erlebnismöglichkeit, ein Teil der archetypischen Struktur der Psyche, die von C. G. Jung als „kollektives Unbewußtes" wissenschaftlich dargestellt und begründet wurde.

Spätestens nach eingehendem und sich-bewegenlassendem, das heißt nicht nur intellektuellem Studium der Mythen wird dies überdeutlich. Wir können uns nur innerhalb dieser Grenzen bewegen, aus ihnen herauszutreten ist uns nicht vergönnt, das ist den Göttern vorbehalten. Aber auch diese scheinen wiederum vom Menschen und seinen Möglichkeiten abhängig zu sein, wer sollte sonst ihre Herden hüten?

Von Shiva, dem göttlichen Tänzer, wird gesagt, daß er nicht mitverzaubert sei, auch nicht verwikkelt in die Illusionen des großen Gaukelspiels der Maja: „Wenn der Herr seine kosmische Rolle auszuüben scheint, ist er doch nicht in das Netz der von ihm geschaffenen Illusion verwickelt. Die Pantomime des göttlichen Spiels narrt ihn, den Spieler, nicht. Wenn deshalb ‚Gott' als derjenige aufgefaßt wird, der das All entfaltet, erhält und durchdringt, der die geistigen Strebungen der begrenzten Wesen durch seine universale, alles-lenkende Kraft bestimmt, so muß das so verstanden werden, daß Er dabei, wie ein Kind es wohl tut, eine Art Schauspiel aufführt, für das es keinen Zuschauer gibt. ‚Gott' ist der einsame kosmische Tänzer, dessen Gesten aus allen Wesen und allen Welten bestehen. Diese fließen ohne Ende hervor aus dem nie ermüdenden, nie nachlassenden Strom seiner kosmischen Energie, wenn er die endlos sich wiederholenden rhythmischen Figuren tanzt."[37] Ich habe den großen Indologen Heinrich Zimmer deshalb so ausführlich zitiert, weil er in moderner Sprache noch einmal zusammenfaßt, was in der Vielfalt der bewegenden Bilder auseinanderstrebt.

Es wird dem Leser nicht schwergefallen sein, Bezüge zur Alltagssituation herzustellen, kurz wurden sie auch schon angedeutet. Sind wir „tief bewegt", so berühren uns Eindrücke auf ganz besondere Weise. Sie rufen auf, provozieren uns, was aber heißt, daß sie etwas aus uns hervor- und herausrufen, nämlich Bewegung. Wir wissen heute auch, daß erstarrte Haltungen, die sich in muskulären Verkrampfungen und Versteifungen zeigen, der Ausdruck starker, aber verdrängter und damit eben auch erstarrter Bewegungen sind, also eines Konflikts.

Einen Konflikt können wir ganz allgemein so beschreiben, daß zwei Energierichtungen zueinander in einen Gegensatz geraten sind. Ganz konkret zeigt sich das zum Beispiel in dem Impuls, aufzustehen, und im gleichzeitig vorhandenen Impuls, sitzen zu bleiben und einen langweiligen Vortrag weiter anzuhören. Wird die Beweglichkeit der, meistens mit neurotischen Fehlhaltungen verbundenen , erstarrten Motorik wiederhergestellt, so fließt die Energie frei und übernimmt ihre Körper, Seele und Geist verbindende Aufgabe. So gesundet der Mensch. Daß Gefühle engstens mit Bewegungen verbunden sind, hat vielfachen sprachlichen Niederschlag gefunden. Ist man sich dieser Zusammenhänge bewußt, ist es erschreckend, die vielen erstarrten Gesichter und Körper zu sehen, die einen umgeben. Noch „bewegender" ist es aber, Kinder zu beobachten, deren Lärmen und Toben erstickt wurde, die leise und vernünftig geworden sind, in Ton und Bewegung gehemmt, und es kaum noch wagen, ein Bein spontan vor das andere zu setzen. Und wollen sie eines Tages tanzen, dem großen kosmischen Tänzer folgen, in das Spiel der bewegenden Lebensfreude eintreten, so spüren sie ihre Angst, ihre Hemmung. Vielleicht ziehen sie sich dann endgültig zurück und erstarren. Jedes Kind konnte und könnte losrennen, aber immer wieder würde das „Geh langsam", „Sei leise" – zum wievielten Male? – ertönen.

Auch körperliche Symptome, die als Krankheitsbilder diagnostiziert werden, sind hier einzuordnen. Wenn ein Arzt von vegetativer Dystonie spricht, so faßt er ein umfassendes Symptombild von Müdigkeit, Kraftlosigkeit und Resignation, um nur einige zu nennen, zusammen. Ausgesagt ist damit, daß die Lebensenergie seit langem ins Stocken geraten ist und der Organismus mit den Folgen dieser Störung nicht mehr fertig wird. Er regelt sich auf einer neuen Ebene ein und entwickelt ein Verhaltensmuster, das dem geringen Energiezufluß entspricht. Seinen Mangelzustand zeigt er in ständiger Müdigkeit an. Es ist, als wolle er sagen: Du brauchst wieder neue Energiereserven. Leider sind eine Kur oder ein Erholungsurlaub nur ein schwaches Heilmittel, weil die Wirkung von kurzer Dauer ist. An den grundlegenden Blockaden und Ängsten muß therapeutisch gearbeitet werden, um die Energie zu beleben. Vorhanden ist sie immer, das beweist die klinische Erfahrung. Aber durch Medikamente allein ist sie meist nicht zu beleben, der ganze Lebensrhythmus muß angeschaut und der Umgang mit der Lebensenergie neu gestaltet werden. Die Psychotherapie verfügt über verschiedene Methoden, die das ermöglichen. Eine der moderneren heißt sogar „Tanztherapie" und knüpft damit an das Bild des kosmischen Tanzes der Energie an.

Vielleicht konnten Sie sich jetzt in das Urbild des tanzenden Gottes vertiefen, kennen auch einige der Statuen, die ihn zeigen. Wie wäre es, wenn er seinen Tanz beendete? Wenn der Strom der Energie, der die Welt erhält, verebbte, wenn auch Okeanos stillstünde? Es gibt alte Geschichten vom Verschwinden der großen Göttin in der Unterwelt, dann verliert die Erde ihre Fruchtbarkeit. Die Götter unternehmen deshalb große Anstrengungen, um ihre Rückkehr zu ermöglichen. Erst dann wird es wieder Frühling, kann die Natur wieder erblühen. Die Mythen um das göttliche Kind, um Demeter und Kore oder Ischtar und Tammuz berichten davon. Lebenskraft kann gelenkt, sie darf und muß geformt werden. Wird sie aber unterdrückt, ist die Folge Verödung.

Auch hier ist es wieder gut zu wissen, daß „der Former" als einer der ersten Götter aus der Dunkel-

heit heraustrat, daß die große Göttin in ihrer Dreieinheit schon das Prinzip der Ordnung verkörperte.
Aber Ordnung heißt Steuerung, keinesfalls Vernichtung. Wer einmal den Affektdurchbruch eines
schwerst gehemmten Menschen miterlebt hat, der
ahnt etwas von der Wucht und der Mächtigkeit der
Energie, die im Menschen wohnt. Dann wird es auch
überdeutlich, wie notwendig Ordnung und Steuerung sind, wie gefährlich es wird, wenn diese nicht
in geeigneter Form dem Menschen nahegebracht
werden. Beziehung meint doch, daß einem Menschen von außen das entgegenkommt, was seinem
Inneren entspricht, daß die äußere Ordnung dem
inneren Lebensprinzip entsprechen muß. Auch
Moral ist eine sinnvolle Leitlinie, wenn sie nicht das
Leben verbietet.

In den Schöpfungsmythen begegnen wir zwar der
reinen Energie, aber immer auch ihren weiteren
Wandlungen und Ausformungen. Energie ist von
einem bestimmten Zeitpunkt der Schöpfung an,
sobald diese aus ihrer Ruhelage herausgetreten ist,
immer zielbezogen. Der Mythos von Eurynome hat
dies klar gezeigt, ihr wilder Tanz führte zur Verbindung mit dem Nordwind, dann konnte sie als Taube
ihr silbernes Ei legen.

In volkstümlicher Form wird in Indien vom „Buttern des Milchmeeres" berichtet. Nach einer Fas-
sung schwamm die Weltschildkröte, die den Kosmos
trägt, in einem Meer von Milch. Durch ihre Bewegung (!) erzeugte sie Butter und damit festere Materie, aus der dann die feste Erde als Basis allen
Lebens geworden ist[38]. Der Milchozean ist das
schon bekannte unendliche Urmeer, aus dem alle
Wesen entstehen. Vishnu, ebenfalls manchmal in

Gestalt einer Schildkröte, „ist dann in der Mitte oder sogar auf dem Grund dieses Milchozeans und liefert die feste Basis, auf der sich die Achse der Welt, der Berg Mandara, erhebt. Die Schlange Anatha, das Prinzip der Allgegenwärtigkeit und der Ausdehnung, rollt sich wie ein Tau um den Berg Mandara, während Götter sich ihres Kopfes und Dämonen sich ihres Schwanzes bemächtigen. Auf ausdrücklichen Befehl des Schöpfers ziehen sie abwechselnd in die eine und in die andere Richtung und versetzen so den Berg Mandara in eine schnelle Rotationsbewegung, die den Milchozean buttert und die Elemente der Schöpfung daraus hervorgehen läßt."[39] Allerdings spie die wütende Schlange dabei ein Gift von solcher Stärke aus, daß die ganze Welt daran zugrunde gegangen wäre, wenn Shiva es nicht in seiner Hand gesammelt und getrunken hätte. Die Entstehung des Bösen wird bei der Entstehung der Welt häufig miterklärt.

So entstand aus Bewegung Festigkeit und gewissermaßen Ruhe, denn die Erde wird zur festen Grundlage des Lebens. Und doch wissen wir, daß die kleinsten Teilchen, aus denen sie gebildet ist, Energie sind, und zwar Energie von solcher Potenz, daß sie die Erde in Bruchteilen von Sekunden wieder auflösen und vernichten könnte. Aus der ewigen Bewegung entsteht die ewige Ruhe, aus ihr die ewige Bewegung... Das Bild des erschaffenden, erhaltenden und zerstörenden Gottes in seinem ewigen Rhythmus findet sich in neuem Gewande in der modernen Physik und im Kleinen in unserem Organismus und seinen Funktionen.

Die herrlichen Hügel
des Uranfangs

„Als nur das Urmeer Nun da war,
wuchs aus ihm der erhabene Boden hervor.
Auf diesem herrlichen Hügel des Uranfangs
lag das verborgene Ei des großen Schnatterers.
Aus ihm aber ging Amon hervor,
als der Himmel noch nicht geformt
und die Erde noch nicht gebildet waren.
Damals gab es auch noch keine Menschen
und keine Götter.
Nachdem Amon aber aus dem Ei
hervorgetreten war,
schuf er eine Ordnung im Dunkeln
und unterwarf die Finsternis auch derselben,
so daß die Welt sichtbar
in die Erscheinung treten konnte."

Aus der Götterlehre von Hermopolis[40]

„Wahrlich, zuallererst entstand
die gähnende Leere (Chaos),
alsdann aber die Erde (Gaia)
mit ihren breiten Brüsten,
fort und fort sicherer Sitz von allen."

Aus Hesiods Theogonie[41]

Zwei weitere Schöpfungsgeschichten aus dem Fernen Osten, aus Polynesien und Japan, sollen dieses von Ägyptern und Griechen geschaute Bild vervollständigen.

„Der Gott Tangaroa
war in der Weite des Raumes.
Es gab keinen Himmel, keine Erde, kein Meer.
Der Gott war allein,
und er bewegte sich
in der Ausdehnung des Raumes.
Dann blieb er stehen.
Und wo er stand, wuchs ein Felsen.
Dies war der Anfang aller Dinge.
Tangaroa sagte zu dem Felsen ‚spalte dich auf!'
Daraus entstanden weitere Stücke,
die eigene Namen erhielten."[42]

In Japan erzählt man sich folgendes von den beiden Göttern Izanagi und Izanami:

„Izanagi und Izanami standen auf der
schwebenden Brücke des Himmels
und beratschlagten und sprachen:
‚Ist unten am Boden nicht etwa gar ein Land?'
Hierauf stießen sie mit dem
himmlischen Juwelenspeer nach unten
und rührten damit im blauen Meer herum.
Als sie die Salzflut gerührt hatten,
bis sie sich zäh verdickte,
und sie den Speer wieder heraufzogen,
häufte sich das vom Ende des Speeres
herabtropfende Salz des Wassers an
und wurde eine Insel,

die den Namen Ono-goro-zima bekam.
(Der Name bedeutet
„von selbst verdichtet und geronnen".)
Die beiden Gottheiten stiegen sodann herab
und wohnten auf jener Insel.
Sie errichteten den himmlischen Speer
zum Mittelpfeiler ihres Hauses
und wünschten miteinander,
Mann und Frau zu werden
und Länder zu erzeugen."[43]

Diese Erzählungen ließen sich leicht mit entsprechenden Geschichten aus anderen Kulturen und Volksgruppen fortsetzen. Es ist eben der *eine* Mensch, der seinen Ursprung sucht, seinen Sinn und seinen Weg, der seine innersten Gedanken in die Weite des Raumes projiziert und von dort Offenbarung über sich und den Kosmos empfängt.

Die Ordnung, die die Welt sichtbar macht, die Bewegung, die zu ihrer Entstehung nötig ist, die keimhafte Kraft des Lebens hatten wir schon kennengelernt. Beeindruckend ist, wie dieselben Grundgedanken in allen Kulturen weitgehend unabhängig voneinander entstehen und erhalten bleiben. Man hat viel darüber nachgedacht, wie die Motive wandern, und die Einwanderungswellen in den verschiedenen Ländern genau verfolgt. Sicher haben solche Eroberungszüge eine große Rolle gespielt. Zugleich ist es aber die Psyche des Menschen, die diese Bilder sucht und entfaltet, weil sie ihren Urbedürfnissen entsprechen. Bisher war mit Keim und Kraft, mit Ei und Urmasse nur die Voraussetzung sichtbar gewesen, die einen festen Grund bilden könnte. Erst als die Götter und Dämonen gemeinsam das Milchmeer zu buttern begannen, gewann die Masse langsam eine formbare Gestalt. Butter ähnelt dem bei der Erschaffung des Menschen in vielen Erzählungen benutzten Ton. Jetzt endlich kann die eigentliche Schöpfung der tausend Dinge, die endlose Reihe individueller Wesen, beginnen, eine bis heute nicht überschaubare Schar. Das Rätsel der Individualität, die uns beim Menschen mit seinem unerschöpflichen Reichtum an Entfaltungsmöglichkeiten begegnet, beginnt.

Jeder Mensch ist eine einmalige neue Schöpfung, entstanden aus dem Dunkel. Bei jeder neuen Geburt stehen wir vor diesem Wunder. Doch ehe alle diese Formen werden können, erheben sich die ersten festen Punkte, Felsen oder Inseln, Standorte der Götter und später der Menschen. Die herrlichen Hügel des Uranfangs sind da, die Erde zeigt ihr Gesicht.

Diese hier geschilderten Vorgänge in grauer Vorzeit bilden Prozesse ab, die sich mit jeder Persönlichkeitsentwicklung wiederholen. Wenn Kinder zum ersten Mal „ich" sagen, nachdem sie von sich bisher nur in der dritten Person oder ihren Namen nennend gesprochen hatten, so ist solch eine Insel entstanden, auf die sich ein Leben gründen kann. Wenn dieses Ich wieder im wogenden Meer des Unbewußten untergeht, sprechen wir von einer Psychose. Diesem Menschen gelingt es dann nicht mehr, seine persönliche Existenz von inneren faszinierenden Gestalten, manchmal sogar Göttern oder Heilbringern, zu unterscheiden. Er geht wieder unter in dem wogenden Urmeer. Wer solche Prozesse beobachtet hat, kann die genaue Parallele zu diesen ersten Inseln bestätigen. Auch die Sprache drückt es aus, wenn wir davon sprechen, daß ein solcher Kranker plötzlich wieder „auftaucht", wieder als der individuelle Mensch mit seinem persönlichen Vor- und Nachnamen ansprechbar ist. Aus bis heute nur teilweise erkennbaren Gründen kann er wieder „verschwinden", „untertauchen", auch wenn seine körperliche Gestalt im Raum erhalten bleibt. So können Individualitäten oder Teilbereiche der Persönlichkeit „untergehen".

Das menschliche Ich wurde oft mit einer Insel im Ozean, mit einem schwankenden kleinen Schiff oder dem Licht einer Kerze im Sturm verglichen. C. G. Jung hat unermüdlich auf die große Bedrohung des noch jungen und schwankenden, schwachen Bewußtseins hingewiesen und die Notwendigkeit seiner Stärkung betont. In den ersten zwei bis drei Jahrzehnten des Lebens geht es vorrangig um die Festigung des Bewußtseinsraums und die Absteckung der Ich-Grenzen. Viele zwischenmenschliche Probleme entstehen dadurch, daß solche Abgrenzungen nicht gewagt werden.

Untersucht man die Phantasien, die sich zum Beispiel bei einem der Partner in einer Paarbeziehung mit einer solchen Abgrenzung verbinden, so ähneln auch diese wieder den bisher geschilderten mythologischen Visionen. Viele meinen, sie verlieren ihren festen Halt, sie klammern sich am Partner an, der sich dann um so mehr zu befreien versucht. Der andere stellt den festen Boden dar, auf dem ich stehen kann. Verschwindet er, so verliere auch ich jeglichen Boden unter den Füßen und drohe in Traurigkeit und Verzweiflung zu „versinken". Sehr häufig sprechen wir von einem „Meer von Tränen", in dem wir untergehen. Diese Beispiele, die leicht ergänzt werden könnten, sollen anschaulich machen, wie eng der Zusammenhang zwischen unserem Erleben und den eingangs geschilderten mythischen Urbildern ist. Der Mensch hat schon immer gewußt, wie gefährdet die Existenz seines Bewußtseins ist, und hat das in diesen ergreifenden Geschichten dargestellt.

Izanagi und Izanami errichten ihren Speer als Mittelpfeiler des Hauses und verbinden damit Himmel und Erde. Nur wenn sich das Ich, fest geformt, klar vom umgebenden Urmeer und seinen göttlichen Potenzen unterscheidet, aber über den Mittelpfeiler mit diesen Kräften in lebendiger Verbindung bleibt, scheint eine realistische Chance zu bestehen, daß es trotz aller Bedrohungen und Stürme erhalten bleibt. In der Rechtsprechung haben diese Gegebenheiten der Psyche in Form der Zurechnungsfähigkeit ihren Niederschlag gefunden. Ist das Ich untergegangen, wen will man ansprechen? Ist ein Mensch in einem Wahnsystem befangen, ich erinnere hier nur an den so häufigen Eifersuchtswahn, können wir ihn nicht mehr erreichen. Die klarsten, uns so selbstverständlichen Argumente überzeugen ihn nicht, er bleibt im Gefängnis seines Wahns, sein Ich ist „überschwemmt", er ist von seinem Komplex wie von einem Dämon besessen und darin gleichsam verschwunden. So ist er auch nicht oder nur bedingt zurechnungsfähig, was in der Rechtsprechung berücksichtigt wird. Solche Menschen beschreiben ihren Zustand selbst als ein „Außersichsein": „Als ich wieder zu mir kam, war es schon passiert." Wie gut ist es, wenn die Erde mit ihren breiten Brüsten fest und der Sitz von allem ist! Allein in diesem Satz ist das meiste von dem ausgedrückt, was wir heute über die Bedeutung der frühen menschlichen Beziehungen, von der Psychoanalyse „frühe Objektbeziehungen" genannt, wissen. Die Brust ist *die* Welt des Kindes, solange es noch keine ganze Person, sondern nur Teilbereiche der mütterlichen Person aufnehmen kann. Wenn es da Raum gibt und Sicherheit, tragendes Fundament und Verläßlichkeit, Nahrung und Fülle, dann kann sich das Neugeborene ungestört und ungehindert entfalten. Indem es so einen festen und äußeren Grund erlebt, wird es später auch um eine eigene innere Festigkeit, einen entsprechenden Grund in sich wissen. Wir sprechen bei neurotischen Erkrankungen verallgemeinernd von „Grundstörungen", die in solchen frühen Beziehungsstörungen ihre Wurzel haben. Fast alle seelischen Entwicklungsstörungen reichen in diese frühe Kindheitsphase zurück. Meistens sind Störungen der Ich-Funktionen eine der Folgen, man spricht auch manchmal von „insulären" Teilbereichen, wenn das Ganze des Ich-Komplexes nicht entfaltet ist. Solche Menschen haben es schwer, sich zu entscheiden, oder können ihre Affekte nicht steuern, können ihre innere und ihre äußere Welt so wenig unterscheiden, wie man manchmal am Morgen nicht weiß, ob man etwas erlebt oder nur geträumt hat. Die Wirklichkeit wird nur verzerrt wahrgenommen, den eigenen Wünschen gemäß umgedeutet, die Gefühle überschwemmen das Ich, so daß immer wieder „Überflutungen" stattfinden. Die Ich-Grenzen sind unscharf, der Mensch bleibt gewissermaßen mitten in einem Schöpfungs- und Entwicklungsprozeß stecken, er erreicht nicht den Zustand, wo die Länder und ihre Lebewesen entstanden sind.

Aber der Vergleich des menschlichen Schicksals mit der Schöpfung, beispielhaft vorgestellt in den Mythen, begründet die Übezeugung, daß weitere Entfaltung nicht nur möglich ist, sondern daß sie der Ordnung der Dinge entspricht. Alles andere ist Weigerung, die Schöpfungsordnung mit zu vollziehen. Auch ist es von daher unmittelbar einleuchtend, daß Entwicklungsrückstände oder Fixierungen auf frühen Stufen des Erlebens in den Bereich der Krankheit gehören. Es ist von allem Anfang so festgesetzt, daß die Entwicklung bei den herrlichen Hügeln des Uranfangs – auch rückblickend erleben wir unsere Kindheit häufig als eine wunderbare mythische Zeit – keinesfalls stehenbleiben darf. Die Schöpfung geht weiter als ein fortwährendes, kontinuierliches Geschehen. Das finnische Kalevala-Epos schildert diese erste Phase der Landentstehung auf seine Weise sehr eindrucksvoll:

„Wenig Zeit war nur verstrichen,
eine kleine Frist verflossen,
da kam eine Taucherente,
schwang sich her in schnellem Fluge,
sich fürs Nest die Stelle suchend,
einen Ort zur Wohnstatt wählend.
Flog nach Osten,
flog nach Westen,
flog nach Nordwest, auch nach Süden,
konnte keine Stelle finden,
nicht die allerschlimmste Stätte,
um ihr Nest dort einzurichten,
ihren Aufenthalt zu nehmen.
Langsam schwebt sie, weithin schweifend,
überdenkt und überlegt es:

,Bau' ich in den Wind die Wohnung,
auf die Wogen meine Wohnstatt,
wird der Wind das Haus zerstören,
wird die Welle es entführen.'

Da erhob die Wassermutter,
Wassermutter, Maid der Lüfte,
schon ihr Knie aus Wasserwogen,
ihre Schulter aus der Welle,
als ein Nistort für die Ente,
als ein sehr erwünschter Wohnplatz.
Dieser schöne Entenvogel
schwebt nun langsam,
weithin schweifend,
merkt das Knie der Wassermutter
auf dem blauen, offenen Wasser,
hält's für einen Gräserhügel,
eine frische Rasenblüte.
Er fliegt langsam, gleitet leise,
auf das Knie läßt er sich sinken,
darauf baut er seinen Brutplatz,
legt dort seine goldenen Eier." [44]

Schon bekannte Motive tauchen hier wieder auf: das Urmeer, die Weltmutter als Wassermutter, die Bedeutung des Windes, der in sich nur Energie, noch keine Masse oder Form ist, der große göttliche Vogel, das goldene Ei, aus dem die Welt entstehen wird. So wie die Griechen von den breiten Brüsten der Erde gesprochen hatten, die aus dem Chaos aufgetaucht waren, so hebt hier die Wassermutter ihr Knie und ihre Schulter aus der Welle, die Ente vermag da ihren Nistplatz zu finden. Auffallend auch, wie bedroht dieses frühe Leben ist, nicht einmal „die allerschlimmste Stätte, um ihr Nest dort einzurichten, ihren Aufenthalt zu nehmen", fand die Ente. Es scheint wirklich „kein Raum in der Herberge" zu sein für die Geburt des göttlichen Lebens. Wir kennen dieses Motiv als eine Bedrohung des göttlichen Kindes, mit dem der innerste Kern der Person eines jeden Menschen verbunden ist.

Das Malen von Bildern aus dem Unbewußten hat sich als ein wichtiges Hilfsmittel des Selbsterfahrungs- und Individuationsprozesses bewährt. Sich einfach mit Farbe und einem leeren Blatt hinzusetzen und zu warten, welche Bilder aus dem Inneren in der augenblicklichen Situation aufsteigen, ermöglicht Einblicke in jene psychischen Bereiche, die zur Zeit feste Gestalt gewinnen wollen. Sie tauchen wie diese Inseln oder das Knie der Wassermutter aus dem Meer des Unbewußten auf. Dort sind sie wie Keime gewesen, die sich jetzt entfalten wollen. Inhaltlich zeigen diese Bilder, die anfänglich häufig nur ein chaotisches Durcheinander von Farben und Formen zu sein scheinen, langsam eine beginnende Struktur, die sich um ein Zentrum bildet. Dieses Zentrum entspricht entweder dem kosmischen Ei oder jenen ersten Inseln, die das Ei tragen. Die Farben beginnen sich zu ordnen, häufig wird auch ein Gefäß oder eine Gebärmutter zu diesem Zentrum assoziiert. Aus dem Wirbel der Bewegungen und Erfahrungen bildet sich feste Substanz wie beim Buttern des Milchmeeres.

Es werde Licht!

„Am Anfang schuf Gott den Himmel
und die Erde.
Die Erde aber hatte noch keine Form
und kein Leben.
Dunkel lagerte über der Urflut.
Aber der Geist Gottes
schwebte über den Wassern.
Dann sprach Gott:
‚Es werde Licht!'
Da ward Licht.
Und Gott sah das schöne Licht
und schied das Licht von der Dunkelheit
und nannte das Licht Tag
und die Dunkelheit Nacht.
Es wurde Abend.
Es wurde Morgen:
ein erster Tag."

Der biblische Schöpfungsbericht
1. Mose 1,1–5

Aus Neuseeland, der Heimat der Maori-Stämme,
kommt folgender Schöpfungsbericht:

„Io weilte im Unendlichen,
doch wo man atmen kann.

Das Universum lag im Dunkel,
Wasser war überall.
Es gab keinen Schimmer der Dämmerung,
keine Klarheit, kein Licht.
Und Io begann mit diesen Worten,
um nicht länger untätig zu sein:
,Dunkelheit, das Licht soll in dir sein!'
Und plötzlich erschien das Licht.

Dann wiederholte Io diese Worte,
um nicht länger untätig zu sein:
,Licht, die Dunkelheit soll in dir sein!'
Und wieder trat tiefste Dunkelheit ein.
Dann sprach Io ein drittes Mal:
,Laß Dunkelheit oben sein,
laß Dunkelheit unten sein,
laß Dunkelheit zur Rechten sein,
laß Dunkelheit zur Linken sein,
es ist eine überwundene,
zerstreute Dunkelheit.'

,Laß Licht oben sein,
laß Licht unten sein,
laß Licht zur Rechten sein,
laß Licht zur Linken sein.
ein Reich des Lichtes,
ein strahlendes Licht!'
Und so gewann des Lichtes Helligkeit
die Vorherrschaft."

Schöpfungsmythos der Maori [45]

Selten wird in den Schöpfungsgeschichten die
Lichtwerdung so ausdrücklich dargestellt wie bei
den Maori oder wie im biblischen Schöpfungsbe-

richt. Häufig ist das Licht mit dem Erwachen der Sonne verbunden. Bei seinem Erscheinen auf der „Insel des Aufflammens"[46] unterwarf der ägyptische Gott Re die Mächte des Dunkels und des Chaos. Ordnung allein reicht noch nicht aus, sagen diese Berichte, es bedarf des Lichtes und seiner Flamme.

Die Schöpfungsgeschichte des Alten Testamentes hebt die Lichtwerdung besonders hervor, im Neuen Testament wird die symbolische Bedeutung des Lichtes, das mit Jesus erneut auf dieser Welt erschienen ist, stark betont. Schon in der Geburtsgeschichte Jesu spielt das helle Leuchten des Sternes von Bethlehem eine wichtige Rolle, er geleitet die Heiligen Drei Könige zum göttlichen Kind, zur Krippe, zu Maria und Josef.

Licht erhellt die Welt, macht sie wahrnehmbar, überwindet die Dunkelheit. Es gibt mehrere mythische Darstellungen von der Entstehung des Menschen in der Tiefe, dem Bauch der Erde, und seinem Aufsteigen über immer höhere und hellere Welten und Ebenen in die Tageswelt, auf die Erdoberfläche. Dort sieht er dann Sonne und Mond, dort herrschen Tag und Nacht. Im nächsten Kapitel wird ein solcher Mythos erzählt.

Die enge Verbundenheit von Licht und Dunkelheit, die jeweils den Keim des anderen, des Gegensatzes in sich tragen, ist eine Urvorstellung, die besonders die chinesische Philosophie geprägt hat. Das lichte und das dunkle Prinzip, Himmel und Erde, Yang und Yin gestalten im ewigen Wechsel und Wandel die Welt. Ursprünglich war wahrscheinlich noch gar nicht von einem dunklen Prinzip die Rede, wie es die spätere chinesische Philosophie ausgearbeitet hat, sondern Yin bedeutete einfach „das im

Schatten liegende Dunkle" und Yang „das von der Sonne beschienene Helle"[47]. Noch ehe philosophische Grundprinzipien in das Geschehen von Tag und Nacht hineingesehen wurden, gab es dieses Urerleben, das die enge Verbindung des Lebens mit dem Licht und dem Dunkel zeigt. Äußere wie innere Welt lassen sich vor diesem Hintergrund besser verstehen.

So wie die Urgottheit Io das Licht erschaffen hat, so entsteht es immer wieder in der Dunkelheit des Lebens. Die Dunkelheit einer langwierigen depressiven Erkrankung und die Anfänge ihrer „Erhellung" lassen sich in modernen Worten nicht besser ausdrücken. Wenn es innen hell wird, zumindest „dämmert", werden auch die Helle des Tages und das Licht der Sonne wieder wahrnehmbar. Eine von dem ersten Lichtfunken zerstreute Dunkelheit ist eine überwundene Dunkelheit. Diese Beschreibung ist von großer Eindringlichkeit und einmaliger Schönheit. Wenn sich das absolute Dunkel zu ordnen beginnt, wenn ein Oben und ein Unten, ein Rechts und ein Links, die Vierheit der möglichen Orientierung in der Welt sichtbar wird, so ist der Keim des Lichtes zu sehen. Dieses beginnende innere Licht ist noch keine Erleuchtung, aber der Anfang einer neuen Bewußtheit. Die eigene Vergangenheit wird in neuem Lichte gesehen, anders gewertet und gewichtet. Ihre Schatten – auch dies ein Hinweis auf das Licht und die Dunkelheit – erreichen nicht mehr das Hier und Heute der Gegenwart, des einzig gelebten Augenblicks. Viele Menschen leben entweder in der Vergangenheit oder in der Zukunft, vergangene Ereignisse überschatten den heutigen Tag, zukünftige werfen ihre Schatten voraus. Das ewige Spiel von Licht und Schatten ist Gegenstand des ersten Tages und der ersten Nacht, die Gott schuf. Ihr Rhythmus ist es, der das Leben ermöglicht, dem der Wechsel von Ruhe und Bewegung, Erholung und Aktivität entspricht.

Helle und Licht verweisen seit alters auf Bewußtheit oder Bewußtwerdung. Solange ein Mensch ganz in seiner depressiven Verstimmung lebt, wird ihm kaum etwas anderes, geschweige denn Neues bewußt. Erst wenn es heller wird, ist zugleich neues Bewußtsein und neue Wahrnehmung da. Eine junge Frau, die sich mit überwältigenden Ängsten – die Diagnostik spricht hier von Angstüberflutung – immer in Todesnähe befand, malte über längere Zeit Bilder, die den Kampf von Dunkelheit und Licht, ihre Gegensätzlichkeit und nach und nach ihr Bezogensein darstellten. Nahm die dunkle Seite überhand, floß alle Energie dahin, war sie stark selbstmordgefährdet. Überwog die helle Seite, hellte sich ihre Stimmung auf, und sie wandte sich dem Leben und ihrer Zukunft zu.

In den bisherigen Kapiteln war die Bedeutung des Dunkels mehrfach hervorgehoben worden. Hier wird es nun endgültig eingeordnet in den großen Rhythmus der Natur. Wieder in beides eingebettet zu sein, sich dem Hellen wie der Dunkelheit hingeben zu können, das ist sicher eine zuverlässige Grundlage sinnvollen Lebens.

In der Psychologie des Unbewußten hat man die Entsprechung von Dunkelheit oder Schwärze mit Unbewußtsein wieder entdeckt. Aus dieser Dunkelheit treten, wie einst am Anfang, die Lebenskräfte hervor. Praktisch ist dabei von großer Bedeutung, daß man sich regelmäßig und mit offener Einstellung der inneren Dunkelheit zuwendet und zum Beispiel konsequent schon nachts, nicht erst am Morgen, seine Träume notiert. „Licht in das Dunkel" der Träume bringen dann Nachdenken und intensive Beschäftigung mit dem Material in der Helle des Tages und des Bewußtseins. Die in den Schöpfungsgeschichten betonte natürliche Verbindung von Licht und Dunkelheit sehen wir als ein in die Anfänge projiziertes großes Ordnungsprinzip der Bezogenheit von Bewußtsein und Unbewußtem. Die Durchlässigkeit der Grenze zwischen beiden, die lebendige Beziehung zwischen diesen Systemen der Persönlichkeit, ist lebenswichtig und Voraussetzung einer gesunden und schöpferischen Entwicklung.

In vielen Bildern aus dem Unbewußten, die spontan gemalt werden, dominiert oft über lange Zeit die Farbe Schwarz. Es ist beeindruckend zu sehen, mit welcher Hingabe mit Fingerfarben, manchmal wird die ganze Hand dazu benutzt, schwarze Bilder entstehen. Der Mensch spürt einfach, daß das jetzt so ausgedrückt werden muß. Aber hier offenbart sich eben schon Schwärze, sie zeigt sich im Bild. Über kurz oder lang „muß" ein Farbfleck oder ein heller Ton hineingebracht und das Schwarz damit begrenzt werden. Ein ganzer Entfaltungsprozeß kann sich so darstellen. Die anfängliche Unheimlichkeit des Schwarz „lichtet sich" und folgt damit den Entwicklungslinien, die alle Schöpfungsgeschichten aufzeigen. Sie werden zum persönlichen Erleben. Der Psychotherapeut, der solche Verbindungslinien herstellen kann, versteht diese Bilder besser und vermag seinen Klienten die Brücke zum tragenden Fundament, zur Matrix des Lebendigen, aufzuzeigen. Und erneut ward es Licht.

Das Dunkel ist der Bereich des Lebens, der noch nicht mit dem Bewußtsein und dem verantwortlichen Wollen des Menschen in Verbindung steht. Bewußtwerdung heißt, die Verbindung eines psychischen Inhaltes zum Ich herzustellen. So erweitert sich die Persönlichkeit ständig, wie überhaupt in der Schöpfung alles in ständiger Bewegung, Verbindung und Entfaltung ist.

Daß wir in jeder Nacht mehrere Träume haben, ob wir uns an sie erinnern oder nicht, ist ein weiterer Hinweis auf die Verwandtschaft unserer menschlichen Welt mit dieser großen Bewegung des Kosmos, die wahrscheinlich auf eine immer größere Bewußtheit und Bewußtseinserweiterung, zumindest im menschlichen Bereich, zielt. Wenn mir etwas bewußt wird, erkenne ich seine Bedeutung für mich und mein Leben. Vielleicht war es mir noch nie klar, welche Folgen bestimmte Einstellungen meinerseits für meine Kinder haben. Mütter oder Väter merken es oft erst sehr spät, wenn überhaupt, daß sie ihre Kinder als Partnerersatz benutzt und damit mißbraucht haben. Nach dem Krieg wurden häufig kleine Jungen mit Problemen belastet, die die Mütter eigentlich ihren Männern hätten vortragen sollen und wollen. Erst kürzlich hörte ich von einem Jungen, der schon mit sieben Jahren selbständig für seine Mutter zur Bank mußte, sich mit Bankgeschäften auszukennen hatte. Solche Kinder sind zu einer favorisierten und damit wenig stabilen Entwicklung gezwungen. Was so aufgebaut wurde, bricht unter den Belastungen des Lebens häufig wieder zusammen. Väter suchen bei ihren Töchtern, was sie bei ihren Frauen vermissen. Das Ergebnis kann das schwere Krankheitsbild einer Magersucht sein, weiter hinzukommende Faktoren natürlich vorausgesetzt. Erst wenn diese Zusammenhänge bekannt und bewußt werden, kann ich anders damit umgehen und mein Verhalten ändern. So entstehen Beziehungen zwischen unbewußten Inhalten der Seele und dem handelnden Ich. So beginnt das Licht des Bewußtseins zu leuchten wie am ersten Tag.

Die alten Ägypter begleiteten die Fahrt ihres Gottes Re auf der Sonnenbarke über den Himmel mit großer Anteilnahme. Wenn die Sonne am Firmament emporsteigt, beginnt er seine Himmelsüberquerung, am Abend steigt er in die Nachtbarke um. Nach einer anderen, ebenfalls ägyptischen Vorstellung wird die Sonne allabendlich von der Himmelsgöttin Nut verschlungen, während der Nacht neu ausgetragen und in der ersten Morgenstunde wieder geboren.

Auch dies entspricht vielfacher Erfahrung: Wie die Sonne, so braucht auch das Bewußtsein die ständige Verbindung mit dem Unbewußten, um sich zu erneuern. Von dort kommen die neuen Einfälle, tauchen Phantasien und Träume auf, die weiterführen. Lebt der Mensch zu lange oder zu intensiv nach außen, verliert er sich ganz an die Welt der äußeren Objekte, an seine Aufgaben, Verpflichtungen und sogenannten Sachzwänge, „so verliert er sich". Die Beziehung zu den schöpferischen Kräften des Unbewußten wird langsam abgebrochen, die Sonne, das Licht kann sich nicht erneuern.

Auch der Körper geht langsam zugrunde, wenn er sich nicht durch ausreichenden Schlaf regenerieren kann. Häufig treten in solchen Situationen depressive Verstimmungen auf, die dann den Eintritt in die innere und „untere" Welt erzwingen, indem dem

Bewußtsein mehr und mehr Energie entzogen wird. Weder Seele noch Körper vermögen ständig in der Helle des Tages zu leben. Auch die Natur zieht sich im Winter auf sich selbst zurück, um im Frühjahr mit neuer großer Kraft aufzuerstehen.

Solche vorübergehenden depressiven Stimmungen sollten nicht mit Medikamenten bekämpft werden. Sie sind die natürliche Selbstregulierung des Organismus, die die einseitige Einstellung des Bewußtseins berichtigt. Folgt man dieser Bewegung der Lebensenergie, der Libido, so kehrt die schöpferische Kraft von selbst zurück. Das zeigt sich dann an erneuter Lebenslust, an wiederkehrender Potenz, an erneuter Freude und Lust. Lassen sich diese Kreisläufe besser veranschaulichen als mit der Fahrt des Sonnengottes auf seinen beiden Barken? Er mußte „umsteigen", das eine Schiff verlassen, das andere für die Nachtmeerfahrt besteigen. Das ist der springende Punkt: Der Weg der Einkehr und der Verinnerlichung ist ein ganz anderer, ein ganz anderes Gefäß der Seele! Nur unter solchen Voraussetzungen hat das Wort „es werde Licht" dauernde Kraft. Mit der Lichtwerdung gibt es die ihr zugehörige nächtliche Dunkelheit, in ständigem Rhythmus.

Wir kennen heute viele „Wege der Einkehr". Es gibt Möglichkeiten, ein Wochenende schweigend zu verbringen, begleitet von Meditationsübungen, Klangerlebnissen oder Naturbeobachtungen. Der Osten hat im Laufe der Jahrhunderte eine nicht übersehbare Vielfalt von Wegen und Übungen gefunden und praktiziert, die die Innenwelt, eigentlich müßte man von Innenwelten sprechen, eröffnen und erschließen. Dabei wurde immer wieder eine Erfahrung bestätigt: Diesen Weg muß man regelmäßig gehen. Die Hinwendung zur Nachtseite der Seele sollte zum festen Bestandteil der Zeiteinteilung werden. Der abendländische Mensch ist so von der Welt der äußeren Aufgaben und der vielen Dinge angetan, daß er sich spontan kaum nach innen wendet. Es gibt doch immer so viel zu tun! Man hat mit Sicherheit keine Zeit, wenn man sie nicht fest dafür vorsieht. Dabei ist eines nicht zu übersehen: Ob wir es wollen oder nicht, wir steigen auf die Nacht-Barke um, doch wir bringen uns um den Gewinn, um die bewußt erlebte neue Kraft und die schöpferische Möglichkeit, wenn wir abends nur todmüde ins Bett sinken, zu keinem Gedanken mehr fähig. Der Weg nach innen bedarf aber derselben Kraft wie der Weg in die Welt. Was ohnehin geschieht als bewußte Tätigkeit und Aufgabe zu übernehmen, das ist das Modell.

Der Mythos von der Sonnenerneuerung veranschaulicht die lebensspendende und -erhaltende Bezogenheit der beiden kosmischen Dimensionen, die später in der Hochzeit von Sonne und Mond wiederkehrt. Die Weisheit der dichten alten Schöpfungsworte ist wirklich überwältigend: Es werde Licht, und es ward Licht, Licht und Dunkelheit wurden voneinander unterschieden, sie erhielten ihren Namen Tag und Nacht. Von da an wurde es Abend, wurde es Morgen, ein erster Tag. Jeder Tag ist wieder ein erster Tag. Das Leben beginnt. Die Voraussetzungen sind gegeben.

Mutter Erde

„Die Erdmutter entbrannte in Liebe
zum großen Kriegsgott.
Er schaute sie an
mit dem Auge des Lebens.
Und sie gebar Kräuter, Wein, Honig, Bäume.
Auch die Rinder, die Schafe,
die vierbeinigen Tiere.
Ihr Schoß bringt Gold, Silber, Bronze hervor."

Mythos aus Sumer[48]

„Am Anfang aller Dinge
tauchte Mutter Erde aus dem Chaos
und gebar im Schlafe ihren Sohn Uranos.
Er blickte von den Bergen liebevoll auf sie herab
und sprühte fruchtbaren Regen über die
geheimen Öffnungen ihres Leibes.
Da gebar sie das Gras,
die Blumen und die Bäume
und auch die Tiere und Vögel,
die dazugehörten.
Der gleiche Regen brachte die Flüsse zum Fließen
und füllte die Tiefen,
so daß die Seen und Meere entstanden."

Aus dem olympischen Schöpfungsmythos[49]

Die „Wahrheit" dieser uralten Bilder erkennen wir heute langsam wieder an. Selbst in wissenschaftlichen Zusammenhängen wird schon vom „Geist der Mutter Erde" gesprochen, so der Titel eines neuen Buches. Dort berichtet der Verfasser von dem Mitarbeiter einer Organisation für Landwirtschaftshilfe, „der einst im Frühling einigen Pueblo-Indianern im nördlichen Neumexiko gewisse Pflügetechniken vorführte. Seine Botschaft schien hilfreich zu sein, wurde aber von einer Atmosphäre des Unglaubens überlagert, die sich angeblich ausbreitete. Die Pueblos waren bestürzt, denn gerade zu diesem Zeitpunkt hatte die Erde ihre Winterhärte verloren und war nachgiebig und verwundbar. Ihren Körper mit einem Pflug aufzuschlitzen war eine Entweihung; es kam einer Vergewaltigung gleich."[50] Eine ähnliche Begebenheit berichtet Mircea Eliade: „Ein indianischer Prophet, Smohalla, aus dem Stamme Umatilla, weigerte sich, die Erde zu bearbeiten. ,Es ist Sünde', sagte er, ,unser aller Mutter durch Feldarbeiten zu verletzen oder zu schneiden, aufzureißen oder aufzukratzen!' Und er fügte hinzu: ,Ihr wollt, daß ich den Boden bearbeite? Soll ich ein Messer nehmen und es in die Brust meiner Mutter stoßen? Wenn ich dann aber gestorben bin, wird sie mich nicht mehr an ihre Brust nehmen. Ihr wollt, daß ich den Boden umgrabe und Steine aufhebe? Soll ich ihr Fleisch zerreißen und ihre Knochen bloßlegen? Aber dann könnte ich nicht mehr in ihren Leib zurückkehren und aufs neue geboren werden. Ihr wollt, daß ich Kraut und Gras mähe und es verkaufe und mich bereichere, wie die Weißen es tun? Aber wie könnte ich es wagen, meiner Mutter die Haarlocken abzuschneiden?'"[51]

Uralte Vorstellungen haben bis heute ihre Kraft behalten. Und wer wünschte nicht, sie hätten es in viel größerem Ausmaße getan? Ob wir wohl unsere Wälder abholzten, die Bäume so gedankenlos zerstörten, wenn wir uns noch vor jedem Baum verneigten, ehe wir ihn fällen? Oder wenn wir uns bei einem Tier, das wir zu unserer Ernährung töten müssen, entschuldigten? Das war einmal selbstverständlich, als wir noch Kinder der Mutter Erde waren, ihre Geschöpfe unsere Geschwister. Die Vorstellungen, daß wir erdgeboren sind, sind uralt. Kinder „kommen" aus Höhlen und Erdspalten, viele Dörfer haben heute noch „Kinderbrunnen", viele Gegenden auch „Kinderteiche" oder „Bubenquellen". Wir wissen auch, daß der Storch die Babys aus einem Teich holt und in die Familien bringt. Noch bevor man etwas über die Rolle des Mannes bei der Zeugung wußte, wurden Frauen schwanger, wenn sie sich an bestimmte Orte, vor allem aber Höhlen, Bäume oder Flüsse begaben. Dort traten die Seelen der Kinder in ihren Leib ein, und sie trugen sie, stellvertretend für Mutter Erde, aus. „Die Mutter war nur die Vollenderin des Werkes der Mutter Erde."[52]

Daß Gold, Silber und Bronze auch von der Erde geboren werden, war schon angeführt worden. Entsprechend sind auch Bergwerke und Schmelzöfen mit dem Bauch oder der Gebärmutter der Erde verglichen worden. Sehr alt ist die Vorstellung, nach der die Steine die Gebeine der Mutter Erde sind, wie es der indianische Prophet erwähnt. Bis in die Steinzeit zurück reicht die Idee einer Verbindung von Stein und Ewigkeit. Die Steine sind die Knochen der Mutter Erde. In den Gebeinen der Tiere, die nicht zu altern scheinen, liegt ihre Lebenskraft und die

Garantie der Dauer und der Wiederkehr des Lebens.

Sehr schön veranschaulicht die Sage von der deukalionischen Flut diesen Erdbezug. Sie wurde von griechischen Einwanderern aus Asien auf die griechischen Inseln mitgebracht. In gekürzter Wiedergabe lautet sie folgendermaßen: Aus Ekel über die Bosheit der Menschen ließ Zeus eine Flutwelle aufsteigen, die alles Leben vernichten sollte. Aber König Deukalion und seine Frau Pyrrha waren von Prometheus gewarnt worden. Deshalb bauten sie eine Arche und versahen sie mit allem Nötigen, begaben sich auch mit ihrer Tochter an Bord. Bald begann der Südwind zu blasen, der Regen fiel, und in kurzer Zeit war die ganze Erde mit Ausnahme weniger Berggipfel ein Meer. Neun Tage schwamm die Arche, dann landete sie auf dem Berg Parnassos, oder dem Ätna oder dem Athos. Inbrünstig baten nun Deukalion und Pyrrha den Gottvater Zeus, daß er die Menschheit erneuern möge. Sie erhielten die Weisung: „Bedeckt eure Häupter und werft die Knochen eurer Mutter hinter euch." Zuerst waren die beiden entsetzt, es wäre Frevel gewesen, die Knochen ihrer Mütter zu nehmen. Aber dann verstanden sie, daß es sich um die Gebeine der Mutter Erde handelte, die als Steine und Felsbrocken umherlagen. Sie beugten sich mit verdecktem Antlitz nieder, hoben die Steine auf und warfen sie über ihre Schultern. Wo die Steine niederfielen, erhoben sich Menschen. Männer aus den von Deukalion geworfenen Steinen, Frauen aus den von Pyrrha geworfenen. So erneuerte sich die Menschheit aus den Gebeinen der Mutter Erde[53].

Die Idee eines Urkeims, einer unzerstörbaren Lebenskraft, erscheint hier wieder in neuem Gewande, verbunden mit der Erde. Sollten die Götter die Menschheit noch einmal aus Ekel vor ihrer Bosheit vernichten wollen, zu verdenken wäre es ihnen nicht, würden sich wohl dann noch einmal ein Deukalion und eine Pyrrha finden, die mit demütiger Gebärde für die Wiedergeburt der Menschen eintreten?

Ein indianischer Schöpfungsmythos, der von den Zuni überliefert worden ist, schildert die Entwicklung der Welt und die Entfaltung des Menschen als Geschöpf im Bauch der Mutter Erde: „Im Anfang war nur Awonawilono, der Schöpfer (The Maker and Container of all), er war ganz allein in dem leeren All. Er verwandelt sich in die Sonne, und aus seiner eigenen Substanz bringt er zwei Keime hervor, mit denen er die großen Wasser schwängert: Unter der gewaltigen Hitze seiner Lichtausstrahlung werden die Meerwasser grün und es erscheint ein Schaum, der beständig wächst und sich schließlich zur Gestalt der Erdmutter und des Himmelsvaters verdichtet..."[54]

Aus der Vereinigung dieser beiden kosmischen Zwillinge, des Himmels und der Erde, wird das Leben in Gestalt unzähliger Geschöpfe geboren. Aber die Erdmutter behält all diese Wesen in ihrem Leib, der im Mythos „der vierfache Schoß der Welt" genannt wird. In der allertiefsten dieser „Gebärmutterhöhlen" entwickeln sich die Samen der Menschen und der anderen Geschöpfe allmählich, bis sie schließlich ausschlüpfen, und zwar tatsächlich in der Weise, wie ein Vogel aus seinem Ei kriecht. Sie sind aber noch unvollkommene Wesen: In der Finsternis in Haufen zusammengedrängt, kriechen sie wie Reptilien übereinander, sie murmeln und jammern, geifern und beschimpfen einander in unanständiger Weise. Einige von ihnen bemühen sich jedoch, von dort zu entkommen, und diese Anstrengung bewirkt einen Fortschritt in Weisheit und Menschlichkeit. Einer besonders unterscheidet sich von allen anderen: der Klügste und ihr Führer, Po'shaiyank'ya, der gewissermaßen an der göttlichen Natur teil hat; denn der Mythos erzählt, daß er *unter* den Urwassern in der gleiche Weise erschienen war wie die Sonne oberhalb dieser Wasser. Dieser große Weise – wahrscheinlich ein Sinnbild der Nachtsonne – taucht ganz allein an das Licht empor, nachdem er die vier tellurischen „Gebärmutterhöhlen" eine nach der anderen durchquert hat. Er gelangt an die Oberfläche der Erde, die sich ihm als eine weite, feuchte und schwankende Insel darbietet. Und er wendet sich zum Sonnenvater hin und fleht ihn an, die unterirdische Menschheit zu befreien.

Hierauf wiederholt die Sonne den Schöpfungsvorgang, aber diesmal handelt es sich um eine Schöpfung anderer Ordnung: Die Sonne will vernünftige, freie und mächtige Wesen hervorbringen; neuerdings befruchtet der Sonnenvater den Schaum der Erdmutter, und aus diesem Schaum entstehen Zwillingsbrüder. Die Sonne verleiht ihnen alle magische Kraft und weiht sie zu den Ahnen und Herren der Menschen. Nun heben die Zwillinge den Himmel empor, und mit ihren Messern – sie sind aus „Blitzstein" – sprengen sie die Berge auf, und durch diesen Gang steigen sie hinunter in die unterirdische Finsternis. Dort, im tiefsten Erdenschoß, gibt es allerlei Gräser und Kletterpflanzen. Eine von ihnen hauchen die Zwillinge an, so daß sie zu wachsen beginnt und bis ans Licht empordringt. Dann benützen sie diese als Leiter, auf der die Menschen und die anderen Geschöpfe bis zu der zweiten Höhle hinaufsteigen.

Viele von ihnen stürzen unterwegs ab; sie müssen für immer in der Tiefe bleiben. Sie werden zu Ungeheuern, welche die Erdbeben und andere Naturkatastrophen verursachen. Auch in dieser zweiten Gebärmutterhöhle war es noch düster, aber es war hier etwas mehr Raum; denn, so sagt der Mythos, diese Höhle „war dem Nabel der Erde schon näher" ... Diese zweite Gebärmutterhöhle heißt „Nabelgebärmutter" oder „Schwangerschaftsort".

Von neuem lassen die Zwillinge die Leiter wachsen und führen das unterirdische Volk vorsichtig in aufeinanderfolgenden Gruppen hinauf – diese Gruppen werden später die Ahnen der sechs Menschenrassen. So erreichen sie die dritte Gebärmutterhöhle, die größer und heller ist, die „Scheidengebärmutter" beziehungsweise den „Zeugungs-" oder „Schwangerschaftsort". Es ist eine weitere und lichtere Höhle, einem Tal unter Sternen vergleichbar. Hier bleiben die Menschen eine Zeitlang und vermehren sich. Schließlich geleiten die Zwillinge sie in die vierte und letzte Höhle, die als die „letzte zu entdeckende (Höhle)" oder „Geburtsgebärmutter" bezeichnet wird. Hier ist die Helligkeit wie die der Morgendämmerung, und die Menschen beginnen, die Welt wahrzunehmen und, gemäß ihrer jeweiligen Anlage, ihre Vernunft zu entwickeln. Indem die Zwillinge sie wie kleine Kinder betreuen, führen sie ihre Erziehung zu Ende; sie lehren sie, vor allem anderen den Sonnenvater zu suchen, denn dieser wird ihnen Weisheit offenbaren.

Doch auch diese Höhle wird allmählich zu klein, weil die Menschen sich unablässig vermehren: Die Zwillinge lassen sie nun zur Oberfläche der Erde hinaufsteigen, und diese heißt „Welt des sich verbreitenden Lichts" beziehungsweise „des Bewußtseins" oder „des Sehens". Auch als sie schon völlig an die Oberfläche emporgetaucht waren, hatten diese Wesen noch ein untermenschliches Aussehen: Sie waren schwarz, kalt und feucht, hatten Membranohren wie Fledermäuse und verwachsene Zehen wie Schwimmvögel; auch hatten sie einen Schwanz. Sie konnten nicht aufrecht gehen, sondern hüpften wie Frösche und schlängelten sich wie Eidechsen. Ebenso hatte die Zeit einen anderen Rhythmus; acht Jahre dauerten vier Tage und vier Nächte – denn die Welt war frisch und neu.

Diesen herrlichen Mythos im einzelnen zu kommentieren würde viel Platz beanspruchen. Die meisten Motive sind dem Leser auch schon bekannt beziehungsweise sie werden in den folgenden Kapiteln noch dargestellt werden. Für mich ist es immer wieder beeindruckend, wie eng die Verflochtenheit des Menschen mit der Natur, mit dem Licht und der Dunkelheit, mit Himmel und Erde dargestellt wird. Auch die Grundkenntnisse der Evolutionstheorie sind in diesem Mythos schon enthalten. Wir wissen heute, daß der Mensch in seiner Embryonalzeit noch Ansätze von Schwimmflossen und so weiter zeigt, genau wie hier auf die Ähnlichkeit mit den Zehen der Schwimmvögel hingewiesen wird. Die lange Zeit, die der menschliche Geist brauchte, um aus der Dämmerung der Vorzeit aufzutauchen, ist mit diesen Schwangerschafts- und Geburtshöhlen der Mutter Erde abgebildet.

Ähnliche mythische Erzählungen sind bekannt. Sie begründen die Verbundenheit mit der Natur, „erklären" wohl auch, warum wir in unserer „Heimaterde" begraben sein möchten. Dort sind wir aus dem Bauch der Erdmutter hervorgegangen, dort möchten wir wieder zu ihr zurückkehren. Es scheint, als gebe es dafür kein anderes Tor. Es ist beeindruckend, welche Anstrengungen zum Beispiel von Emigranten unternommen werden, um in „ihrer" Erde begraben zu werden. Wer möchte in „fremder" Erde liegen? Es ist, als ob dann die Auferstehung, die Wiedergeburt nicht mehr gewährleistet wäre. Auch heute werden keine Kosten gescheut, um einen Toten zu überführen. Unsere Staatsmänner besuchen Soldatenfriedhöfe, auf dem die Deutschen Krieger in „fremder" Erde liegen. Die Herstellung dieser Verbundenheit scheint so etwas wie die symbolische Rückführung des Toten darzustellen.

Die tiefe Beziehung des Menschen zu seinem ureigenen Grund, nicht nur in der äußeren Welt, sondern auch in seiner inneren, bildet sich in diesen Mythen ab. Wir sagen heute, daß das Bewußtsein aus der „Matrix" (lateinisch: mater = Mutter) des Unbewußten hervorgegangen sei. Die Psychoanalyse geht davon aus, daß das Ich aus dem Es als seiner Grundlage hervorgeht. Das Bewußtsein ist gewissermaßen das Kind, das aus dem dunklen Schoß des Unbewußten geboren wird. Der „Schoß der Mutter Erde" ist das Urbild dafür. Um auf eigenem Boden stehen zu können, bedarf es dieses ganz persönlichen Bezuges zum Grund, aus dem alle Gedanken, Einfälle, Phantasien und schöpferischen Visionen hervorgehen. In persönlichen Krisen und seelischen Erkrankungen, in Konfliktsituationen oder „wenn ich nicht mehr weiter weiß", wohin kann ich mich dann wenden? Viele Menschen sehnen sich dann nach der Geborgenheit des Elternhauses, sie möchten sich wieder einmal bei der Mutter ausweinen, von ihr versorgen und trösten lassen. Wenn in jungen Ehen die Beziehung so spannungsreich geworden ist, daß die Partner meinen, nicht mehr miteinander leben zu können, kehrt häufig einer von ihnen nach Hause zurück. Von den Eltern werden wir oft mit der Zusicherung entlassen, daß wir nicht vergessen mögen, daß wir immer noch ein Zuhause haben, solange sie leben. Dieses äußere Zuhause spiegelt das innere, die Verwurzelung im „inneren Boden". Erst wenn der Mensch dort seine Heimat gefunden hat, ist er wirklich weitgehend unabhängig und selbständig geworden.

Bei allen mit Ablösung und Selbständigkeit zusammenhängenden Problemen spielen Schwierigkeiten in den Elternbeziehungen die entscheidende Rolle. Die Ablösung ist noch nicht erfolgt, mag man sich äußerlich auch viele Kilometer voneinander entfernt haben. Autonomie heißt eigentlich, daß ich mir meine eigenen Gesetze gebe. Unser Gewissen, unser Über-Ich ist aber weitgehend die Sprache der Eltern und anderer Autoritäten, die über Familie, Schule und Kirche auf uns eingewirkt haben. C. G. Jung hat klar zwischen diesem Gewissen und der der Stimme Gottes unterschieden, jener inneren Stimme, der wir den Gehorsam nicht verweigern dürfen, ohne vor uns selbst im tiefsten Sinne schuldig zu werden[55]. Luthers berühmtes „Hier stehe ich, ich kann nicht anders, Gott helfe mir, Amen" ist ein bekannter Ausdruck dafür. Hier gewinnt ein innerer Goldkeim Gestalt und Wort. Er geht aus dem Bauch der Mutter Erde hervor, die als innere Erde auch der Archetypus der großen Mutter genannt wird[56]. Wenn diese Kräfte und Lebensmöglichkeiten zugänglich sind und weiter entfaltet werden, steht der Mensch auf einem einigermaßen sicheren Boden, wahrscheinlich sogar dem einzigen, der auf Dauer wirklich trägt, denn er ist zugleich die Pforte zum Ewigen, zu den Göttern, wie die Mythen zeigen: „Die Erde mit ihren breiten Brüsten, fort und fort sicherer Sitz von allem."

Daß die Mutter schicksalsmitbestimmend ist, steht außer Zweifel. Sie ist die Nahrungsspenderin, die das Leben täglich neu ermöglicht und dem Säugling damit auch die erste Erfahrung vermittelt, überhaupt leben zu *können*. Wundert es uns, daß Erwachsene oft meinen, ohne ihre Mutter nicht leben zu können? Ihnen war die weitere Erfahrung verwehrt, daß die Brüste der Mutter und die Nahrung, die sie im übertragenen Sinne zu geben und zu vermitteln vermögen, nur ein – und zwar ein anfänglicher – schicksalsbestimmender Faktor sind. Doch hier ist der Weg von außen nach innen wieder wichtig: Was ich außen finden will und anfangs nur dort finden konnte, muß ich später in zunehmendem Maße in mir selber suchen und kann es dort auch finden. Mit unserer realen Mutter meinen wir immer auch die innere Mutter, die zunächst nur in der Projektion erscheint. Aber jede Mutter ist überfordert, wenn sie all diese Wünsche erfüllen muß. Wir müssen auch sie von dieser Last wieder befreien, um eine echte menschliche Beziehung zu ihr aufbauen zu können. Das ist gut für beide, für jung und alt. Jeder Mensch kann sich selbst eine gute Mutter werden und muß dies auch, wenn er selbständig werden und gut leben will. Letztlich müssen wir selbst gut für uns sorgen lernen.

Hier ist nun wieder die Verbindung von Mythos und Seele zu spüren: „Die Erde mit ihren breiten Brüsten" ist ein sicherer innerer Ort, in mir erlebbar und auch fühlbar. In den spontanen Bildern aus dem Unbewußten, die ohne besondere Absicht entstehen, erscheinen häufig mütterliche Motive, die aus der Mythologie bekannt sind. Eine Wiese, ein Baum, eine Höhle können die mütterliche Lebensgrundlage symbolisieren, jetzt aber losgelöst von der realen Frau, die meine Mutter war oder ist. Oder das Bild des Kindes, das sich unter einen großen Baum setzt, vermittelt auch das Erleben mütterlichen Schutzes und des Aufgehobenseins in der Natur. Oder die „Todesmutter" lockt, sie scheint im selbst herbeigeführten Tod erreichbar zu sein, der mit Vorstellungen einer großen Ruhe und einer Rückkehr aus der bedrängenden Welt verbunden ist.

Diese Beispiele verdeutlichen die innere, im Mythos vorgezeichnete Entwicklung der Ablösung von der persönlichen und der Hinwendung zu einer inneren Mutter. Diese erscheint auch in mütterlichen Gottheiten als große Mutter, Mutter Gottes oder Mutter Erde. Die Analytische Psychologie spricht vom Archetypus der großen Mutter. In der Psychotherapie geht es sehr oft um solche Wachstums- und Heilungsprozesse, den schmerzvollen Kampf des Loslassens und des Abschieds, die tiefe Trauer und das Hineinwachsen in das eigene Leben auf eigenem Grund. Diese Prozesse sind unabhängig vom Lebensalter und können in jedem Jahrzehnt noch begonnen werden.

Als Himmel und Erde
sich trennten

„*Himmel und Erde, Rangi und Papa,*
hatten schon viele Wesen gezeugt,
waren aber noch immer zusammen,
so daß zwischen ihnen kein Raum war
für deren Leben.
Es herrschten Chaos und Dunkelheit.
Die Kinder von Rangi und Papa berieten,
was zu tun sei.
Der ungestümste Sohn,
Vorvater der späteren Menschen,
schlug vor,
die Elten umzubringen.
Doch der Vorvater des Waldes
und aller seiner Lebewesen
hielt es für besser,
Himmel und Erde voneinander zu trennen:
‚Laßt den Himmel hoch über uns sein
und die Erde zu unseren Füßen liegen.
Laßt den Himmel
zu einem fernen Fremden werden,
doch die Erde als nährende Mutter
uns nahe bleiben.‘
Dieser Vorschlag fand Zustimmung,
nur der Vater der Winde und Stürme
war dagegen.
Die anderen versuchten nun

sich zwischen Himmel und Erde zu stemmen,
zuerst der Vorvater der Kulturpflanzen,
dann der Gott des Meeres
und Vater der Fische und Reptilien.
Beide blieben erfolglos.
Auch der ungestümte Menschen-Vater
und sein Bruder,
der Vater der wilden eßbaren Pflanzen,
versuchten es vergeblich.
Dann erhob sich der Vater des Waldes.
Zuerst versuchte er wie die anderen,
den Himmel mit den Armen emporzuheben,
und mußte es gleichfalls aufgeben.
Dann aber setzte er seinen Kopf auf die Erde,
seine Mutter,
und stemmte seine kräftigen Beine
gegen den Himmel.
Mit all' seiner Stärke streckte er sich,
und es gelang ihm, Rangi und Papa zu trennen,
den Himmel und die Erde
auseinanderzubringen,
damit für das Leben zwischen ihnen Platz sei.
Jetzt konnten sich auch
die Menschen ausbreiten,
die von Himmel und Erde gezeugt waren,
aber zwischen ihnen
eingeschlossen gewesen waren."

Maori-Mythos[57]

Nach sumerischer und babylonischer Auffassung sind Himmel und Erde Zwillingskinder der großen Göttin Nammu, sie ist die Urmutter, die ihnen das Leben gab. Ihr Name wird in den alten Texttafeln

mit dem Zeichen für den Begriff „Meer" wiedergege-
ben, eine Vorstellung, die schon in den anderen
Mythen vom Anfang aufgetaucht ist und die auch im
Schöpfungsbericht des Alten Testamentes wiederkehrt: „Dunkel lagerte über der Urflut, und der Geist
Gottes schwebte über den Wassern." Auch hier das
uralte Bild von der Begegnung des Urweiblichen mit
dem Wind. Himmel und Erde, so die verbreitete
Vorstellung, waren im Anfang eng miteinander verschlungen und konnten nur durch gewaltsames Ein-
greifen eines Gottes getrennt werden. Für die Sumerer hieß dieser Gott Enlil, er war der „Herr des
Windes", dem Geist verwandt.

„Der Herr (Enlil), entschlossen,
zu tun, was nützlich war,
der Herr, dessen Entschlüsse
unerschütterlich sind,
Enlil, der aus der Erde
den Samen des Landes keimen läßt,
dachte sich aus,
den Himmel von der Erde zu trennen,
dachte sich aus,
die Erde vom Himmel zu trennen."[58]

Weitere Geschichten ließen sich zum gleichen
Thema anfügen, das Urbild einer Trennung von
Himmel und Erde ist weit verbreitet.

„Aus des Eies untrer Hälfte
wird die Mutter Erde unten.
Aus des Eies obrer Hälfte
wird der hohe Himmel oben."[59]

Hier, im Kalevala-Epos der Finnen, ist das Urpaar – entstanden aus dem Welten-Ei – schon getrennt, ihre bleibende Verbindung, der kosmische Baum, Pfeiler oder Speer wird im nächsten Kapitel zu besprechen sein.

In gewisser Weise schließen sich diese mythologischen Bilder an die Erschaffung des Lichtes an, das nach der Trennung von Himmel und Erde den Raum ausfüllt.

„Die Schöpfer begannen,
in der Dunkelheit miteinander zu sprechen.
Sie überlegten, fragten und berieten sich,
was da werden solle.
Sie planten den Beginn des Lebens,
das Wachstum der Wälder
und die Erschaffung der Wesen,
die ihre Schöpfer rühmen sollten.
Sie besprachen alles,
bis ihre Ideen übereinstimmten und
– wie Kristalle – feste Formen annahmen.
Herz des Himmels trat zu ihnen,
Hurakan genannt,
und gebot über Blitz, Donner und Widerschein.
Gemeinsam entwarfen sie die Helligkeit
und Dämmerung, Licht und Leben,
auch wer Nahrung erzeugen sollte.
Dann riefen sie:
Die Leere fülle sich!
Das Wasser weiche zurück und gebe Raum
für die Erde, die ihr Gesicht zeigen möge!
Erde! riefen sie nur einmal,
und sie erschien.
Aus dem Dunst traten Berge hervor,

und Pflanzen bedeckten Hügel und Täler.
Die Schönheit der Erde erfreute die Schöpfer."

Aus dem Popol Vuh[60]

Erst nachdem es Licht geworden war, konnte die Erde ihr Antlitz zeigen. Erst nachdem das Urpaar Himmel und Erde seine innige Umarmung gelöst hatte, konnte es hell werden, konnten Menschen atmen und wachsen, konnten andere Lebewesen gedeihen. Hier klingt ein Thema an, das sich durch alle Schöpfungsgeschichten hindurchzieht: Die Notwendigkeit und Unausweichlichkeit von Trennung, soll das Leben sich entfalten. Als Himmel und Erde sich trennen mußten, entstand also ein Lebensgesetz, das die Vielfalt der Formen und Arten, die wir heute kennen und unter denen wir uns selbst vorfinden, ermöglichte. Es mag zunächst befremden, die Trennung in einen so positiven Zusammenhang gestellt zu sehen. Wir denken bei Trennungen kaum an alte mythische Vorstellungen, die in Schöpfungsgeschichten erzählt werden, sondern viel eher an Abschied, Scheidung, an Emigration und Flucht oder abgebrochene Freundschaften und Entzweiung. Gefühle der Traurigkeit und Wehmut scheinen eher damit verbunden zu sein als die Gewißheit, daß unser Leben nur über eine große Zahl von Trennungen, die seine äußere und innere Geschichte bedingen, zur Reife gelangen kann. Aber schon das Geschehen bei einer Geburt zeigt, daß Leben – und zwar nicht allein auf der menschlichen Stufe – über viele Ablösungen, Abgrenzungen und Neuformungen seine ihm bestimmte, artgemäße wie persönliche Gestalt erlangt.

Nicht nur der Mythos, auch die Alltagssprache drückt diese Grunderfahrung aus. Wenn Sie sich jetzt etwas Zeit nehmen und über Trennungen nachdenken, so erinnern Sie sich gewiß an Situationen in Ihrer Vergangenheit, wo Sie „zu neuen Ufern aufgebrochen sind", „der Vergangenheit den Rücken gekehrt", „einen Schlußstrich gezogen" haben oder dem alten Rat gefolgt sind: „Trenne dich von allem Irdischen", etwa bei einem Umzug.

Schon diese wenigen Beispiele zeigen die eigentliche Dynamik: Häuft sich Altes, durchaus Liebgewordenes – Rangi und Papa mochten sich nicht voneinander lösen –, so gibt es keinen Platz für etwas Neues, meist sehr Notwendiges. Der gesetzmäßige Verlauf der Schöpfung deutet sich an und erzwingt die Trennung. Die Vergangenheit überschattet und tötet nur zu oft die lebendige Gegenwart, ständiger Rückblick verhindert einen befreienden Ausblick, das Festhalten am Alten fixiert. Trennungen können nur um den Preis vermieden werden, daß eine Entwicklung auf einer schon erreichten Stufe stehenbleibt. Das schon Gewonnene geht dabei aber langsam wieder verloren und nutzt sich in der Alltagsroutine allmählich ab. Im „Aufbrechen" steckt das Wort „brechen", etwa im Sinne von ab- oder unterbrechen. Auch Ta'aroa mußte am Anfang der Zeiten seine Muschel, seine Eischale aufbrechen. In der Redewendung „den Rücken zukehren" deutet sich eine neue Sichtweise an, die nicht zurückschaut, eben die Abkehr vom bisher Gesehenen und Geglaubten und die Hinwendung zu einer neuen Perspektive.

Die Geschichte von Lot und seiner Frau, die das Alte Testament im ersten Buch Mose, im 19. Kapitel, erzählt, verdeutlicht das Gesagte in allgemeingültiger Form: Gottes Botschaft an Lot hatte gelautet, er solle die Stadt Sodom so rasch wie möglich verlassen. Sein Schwanken und Zögern, sein taktisches Verhandeln mit den Botschaftern Gottes entspricht den Schwierigkeiten, die jeder angesichts notwendiger Trennungen bei sich selbst beobachtet: Muß es wirklich sein, könnte ich nicht doch noch dieses oder jenes aus der alten Situation behalten oder mitnehmen? Es bedurfte handgreiflicher Führung, um Lot und seine Frau zu einem radikalen Schritt, der ihnen schwerfiel, zum Verlassen ihres Hauses und ihrer geliebten Umgebung zu bewegen. Lots „ich vermag mich nicht auf das Gebirge zu retten" entspricht unserem „ich kann doch nicht einfach alles stehen und liegen lassen". Die daraus sich ergebenden Folgen sind meistens schwerwiegend. Sie sind an Lots Frau eindringlich dargestellt: Sie schaute zurück und erstarrte zur Salzsäule. Von C. G. Jung stammt der Ausdruck „Erinnerungssalzsäule". Er sagt: „Der Nährboden der Seele ist das natürliche Leben. Wer dieses nicht begleitet, bleibt in der Luft hängen und erstarrt. Darum verholzen so viele Menschen im reifen Alter. Sie schauen zurück und klammern sich an die Vergangenheit mit geheimer Todesfurcht im Herzen. Sie entziehen sich dem Lebensprozeß – wenigstens psychologisch – und bleiben darum als Erinnerungssalzsäulen stehen."[61]

Werden notwendige Trennungsschritte nicht vollzogen, wird nicht Abschied genommen, wenn die Zeit dafür gekommen ist, so erstarrt das Leben und bleibt alten Bindungen und Traditionen verhaftet, die ihm nicht länger entsprechen. Es erlischt. Hier liegt auch die Ursache für die Entstehung von Neurosen und Entwicklungsstörungen. Ein kindlicher Standort wird nicht aufgegeben, Verhaltensweisen, die angesichts drohender Schwierigkeiten in früheren Lebensverhältnissen sinnvoll waren, werden nicht durch neue ersetzt, die den Anforderungen der Gegenwart entsprechen.

Die Erzählung der Maori zeigt unmißverständlich, daß Trennungen nicht ohne Gewaltanwendung möglich sind. Die Götterkinder mußten nicht nur mit aller Kraft stemmen, um zwischen ihrem Vater und ihrer Mutter endlich die nötige Bewegungsfreiheit zu erhalten, sie mußten sich sogar auf den Kopf stellen. Das erinnert an die Redewendung „man muß sich förmlich auf den Kopf stellen", um hier noch etwas zu erreichen oder eine Änderung herbeizuführen. Auf dem Kopf stehend sieht die Welt freilich ganz anders aus. Das Unterste ist nach oben gekehrt. Vielleicht ist das manchmal die unbedingt notwendige Voraussetzung, wenn etwas Neues sich gestalten und entfalten will. Wir müssen die Dinge einmal aus einer ganz anderen Perspektive ansehen, sonst können wir uns nicht von den mächtigen Einflüssen traditioneller oder elterlicher Lebenshaltung befreien und ein eigenes Weltbild entwerfen. Das Sehen mit ganz anderen Augen ist die Voraussetzung. Bedingung hierfür scheint allerdings zu sein, daß man alle Kraft aufbietet, um das, was einen zu erdrücken droht und den Lebensatem nehmen will, zu überwinden.

So notwendig die Trennung der Ureltern war, sie blieb nicht ohne Folgen. Die Götterkinder gerieten, nach Auffassung der Maori, in heftigen Streit miteinander. Der Sturmgott kämpfte gegen seine Brüder, weil sie die Eltern getrennt hatten. Später wandte sich auch der Vater der Menschen gegen seine Brüder und forderte für sich mehr Raum von den Göttern des Meeres, der Pflanzen und der Tiere. „Er beanspruchte die Vorherrschaft, die sie ihm widerwillig gewähren mußten; bei dieser Unterwerfung kam durch die Demütigung der Pflanzengötter das Gift und damit der Tod für die Menschen in die Welt. So wurden die Menschen einerseits die Herren der Welt, andererseits sterblich und des Sieges ihres Vaters nicht froh."[62] Hier deuten sich schon Entwicklungen an, die wir aus der Neuzeit nur allzu gut kennen. Die Vorherrschaft des Menschen, so berechtigt sie erscheinen mag, ist eine höchst problematische Angelegenheit.

Trennung heißt Unterscheidung, allzu große Nähe erschwert die Wahrnehmung des anderen oder macht sie unmöglich. Abstand ist nötig. Bewußtwerden heißt „unterscheiden, sich selbst vom anderen, die eigene Welt von der Umgebung". Wenn ich die Unterschiede erkenne, weiß ich, wer ich selbst bin und wer der andere ist. Im Wort „Auseinandersetzung" deutet sich ein solcher Zwischenraum an, und ebenso im „Gegenüber". Zwei Menschen können so miteinander verschmelzen, daß sie sich kaum noch voneinander unterscheiden können. So hart es klingen mag: Frau und Mann müssen sich klar voneinander unterscheiden, und das heißt in gewissem Sinne auch trennen. Danach heißt es, die Spannung auszuhalten, die sich immer ergibt, wenn der andere mit meinem Anderssein nicht einverstanden ist, wenn er mich vielleicht verurteilt oder in abwertendem Sinne lächerlich macht. Der Wachstumsprozeß in der Trennung ist vielleicht der schwerste Teil eines gemeinsamen Lebens. Die Sehnsucht nach Einheit ist so intensiv, sie findet in der sexuellen Vereinigung einen ihrer Höhepunkte. Aber diese Augenblicke lustvoller und glückseliger Vereinigung, in der die beiden eins werden, sind nur kurz; die Rückkehr eines jeden in den Zustand der Trennung bleibt unausweichlich.

Die urtümliche Trennung der Welten erscheint in vielfältiger Form in allen Lebensbereichen wieder. Sie ist ein Grundmuster des Wachstums, das schon mit der ersten Zellteilung im Mutterleib beginnt, fortsetzend, was im Anbeginn des Kosmos und der Erde festgesetzt wurde.

Das rechte Maß von Trennen und Verbinden ist schwer zu finden. Viele Menschen mußten schon in frühen Entwicklungsphasen Trennungen hinnehmen, sie waren den Folgen als völlig abhängige kleine Wesen einfach ausgeliefert. Entweder trennten sich die Eltern oder der Tod brach in ein junges Familienleben ein. Krieg, Flucht, Gefangenschaft sind tief in die Grunderfahrungen vieler Menschen eingegraben. Gastarbeiterkinder warten in südlichen Ländern bei den Großeltern auf die wenigen Wochen der Anwesenheit von Vater und Mutter in den Ferien. Und schauen wir über die Grenzen Europas hinaus, so wächst das seelische Elend gewaltsamer Trennung. Weinende Kinder, Frauen, Männer stehen vor ihren Toten, vor der zerbombten Heimat. Nimmt es da Wunder, wenn sich diese Menschen in späteren Jahren ängstlich anklammern oder gar keine Nähe mehr zulassen mögen? Die Sehnsucht nach der großen Geborgenheit begleitet sie als letztes inneres Zielbild oder die Angst, wieder in irgendeine Abhängigkeit zu geraten, die ja mit jeder Beziehung notwendigerweise verbunden ist.

Solche Charakterhaltungen werden zu selbstverständlichen Einstellungen und Erwartungen, wenn sie nicht bedacht und, nach sorgfältiger Überprüfung, durch andere Verhaltensmuster ergänzt werden. Meistens ist es erst die große Not einer scheiternden Ehe oder einer zerbrechenden Beziehung, die solche Fragen nach der bisher so selbstverständlich gewesenen Lebenseinstellung überhaupt aufwerfen. Das Problem, mit dem diese Menschen oft täglich zu kämpfen haben, ist der völlig gestörte oder nie erlebte Rhythmus von Trennung und Vereinigung, Abstand und Nähe, eigenem Leben und inniger Verbundenheit, Selbständigkeit und echter Gemeinsamkeit. Dieser Rhythmus ist aber in der natürlichen Entwicklung angelegt, wie Beobachtungen an kleinen Kindern genau zeigen. Ein ständiger Wechsel von Schritten in die unbekannte Welt und eine Rückkehr zu den Eltern oder in den eigenen Garten prägt das junge, ja das ganze Leben. Einseitigkeiten, wenn sie zu starren Haltungen oder Einstellungen werden, gefährden die Lebensfähigkeit.

Sich gegen den ständigen Rhythmus von Trennung und Vereinigung zu sträuben heißt ein Lebensgesetz nicht anzuerkennen. Die Folgen sind immer negativ, peinlich, schmerzhaft, krankmachend oder tödlich. Wir können nicht nur nehmen, wir müssen auch loslassen. So hat jede Trennung ihren Sinn und gehört in einen größeren Zusammenhang. Keineswegs ist sie als nur negativ zu sehen, mag es im Einzelfall auch so scheinen. Bei genauerem Zuschauen werden sich aber die eigentlichen Entwicklungslinien zeigen lassen, die im einzelnen ebenso folgerichtig verlaufen wie bei der Entstehung von Neuem im kosmischen Zusammenhang.

Mit dem Mythos der Trennung von Himmel und Erde wurde ein Modell geschaffen, das bis heute lebendig blieb. Erst als sich das göttliche Paar gegenüberstand, jeder in seinem Reich, gab es Luft, Licht, auch Raum für Sonne und Mond und die Lebensmöglichkeit für den Menschen und die andere Kreatur.

Vorstellungen, nach denen der Himmel wieder auf die Erde herabstürzt, beinhalten immer die Notwendigkeit einer erneuten Trennung der beiden Elemente. Ohne Trennung kein Leben. Die Vereinigung erzeugt Leben, die Trennung ermöglicht sein Wachstum. Zwischen die beiden Götter tritt Luft, der Gott des Windes trennt sie, Licht bricht herein. Dies sind geistige Elemente, sie gehören zum Raum des Bewußtseins und der Reflexion.

Eine flammende Säule
ohne Anfang, Mitte und Ende

„Eine Esche weiß ich, sie heißt Yggdrasil,
die hohe, benetzt mit hellem Naß:
Von dort kommt der Tau, der in Täler fällt;
immer grün steht sie am Urdbrunnen.

Von dort kommen Frauen, vielwissende,
drei, aus dem Born, der unterm Baume liegt:
Urd heißt man die eine, die andere Werdandi –
sie schnitten ins Scheit –, Skuld die dritte.
Lose lenkten sie, Leben koren sie
Menschenkindern, Männergeschick."

Aus der Seherin Gesicht, Edda[63]

Dieses Bild des Weltenbaumes, der Himmel und
Erde verbindet, sei ergänzt durch ein ganz anderes,
aus Indien stammendes Symbol, dargestellt in
einem Streitgespräch zwischen Brahma und Vishnu:

„Wir stritten beide heftig
über dem formlosen Meer,
als vor unseren Augen
ein glorreicher funkelnder Lingam erschien,
eine flammende Säule mit dem Glanz
von hundert Feuern,
fähig, das Universum zu verzehren,

ohne Anfang, ohne Mitte, ohne Ende,
unvergleichlich, unbeschreibbar.

Der göttliche Vishnu,
verwirrt wie ich
durch diese Tausende von Flammen,
sagt dann zu mir:
‚Wir müssen die Quelle dieses Feuers suchen.
Ich werde hinabsteigen,
und du wirst hinaufsteigen mit all deiner Kraft.‘

Die Gestalt eines Ebers annehmend,
ähnlich einem augenwasserblauen Berg,
mit spitzen Fängen,
langem Rüssel, tönendem Grunzen,
kurzen und starken Beinen,
kraftstrotzend, unwiderstehlich,
tauchte er in die Tiefe.
Tausend Jahre stieg er hinab,
gelangte aber nicht an die Basis des Lingam.

Indessen hatte ich mich
in einen schneeweißen Schwan
mit glühenden Augen
und großen Flügeln verwandelt,
und mein Flug war so schnell wie der Wind
und der Gedanke.
Tausend Jahre flog ich nach oben,
um die Spitze der Säule zu finden,
konnte sie aber nicht erreichen.
Als ich zurückflog,
begegnete ich dem großen Vishnu,
der ebenfalls zurückkehrte,
müde und verdrossen.“[64]

Bei der Erschaffung der Welt entsteht nach alter indischer Auffassung auch der Schöpfer. Aus dem Nabel des Vishnu entfaltet sich an der Spitze eines langen Stengels, den die Lebenskraft Vayu in Wellenbewegung hält, eine Lotosblüte, aus der der Schöpfer Gott Brahma geboren wird. Er sucht nach Zweck und Sinn seines Daseins: „Wer bin ich, der ich hier auf dem Lotos sitze? Woher kommt dieser Lotos, der einsam auf dem Wasser blüht? Vielleicht ist etwas unter ihm, was ihn stützt?"[65] Also steigt er in dem Lotosstengel in die Tiefe, die er nie erreicht, er begegnet aber der Unendlichkeit und versenkt sich in Meditation.

Der Mythos vermag unendliche Weiten und Ausdehnungen miteinander zu verbinden, er vereinigt Gegensätze, die sich für unser logisches Denken ausschließen. Denn was unendlich weit auseinanderliegt, wie kann es verbunden werden? Diese Bildkräfte sind in der Seele verankert und bis heute eine Inspiration schöpferischen Tuns. Auch der Schöpfergott, dessen Abbild wir sind, versuchte, dieses Rätsel zu lösen. Er fand die Lösung in tiefer Meditation, auch dies ein indirektes Bild der Unendlichkeit. Dort empfing er weitere Anweisungen, aber auch den Segen des großen Gottes Vishnu.

Der Weltenkiefer waren wir schon im Navaho-Mythos (Seite 28), dem „Mittelpfeiler der Erde" in der Geschichte des japanischen Götterpaares Izanagi und Izanami (Seite 66f.) begegnet.

Überall auf der Welt gibt es diese Verbindung, dieses „Band zwischen Himmel und Erde", wie auch der Stufenturm oder der Stufentempel in Nippur, der heiligen Stadt Sumers, hieß[66]. Die Menschen waren Geschöpfe und Kinder ihrer göttlichen Eltern, die Verbindung zu ihnen durfte nie abreißen, sie wurde auch immer wieder hergestellt. Das war die Garantie des Lebens, eine Garantie für Mensch und Gott.

Die Weltenesche Yggdrasil „ist *der* kosmische Baum. Seine Wurzeln tauchen hinab bis zum Herzen der Erde, bis zum Reich der Riesen und der Unterwelt. In seiner Nähe ist der wunderbare Quell Mimir (,Meditation', ,Erinnerung'), wo Odin sein eines Auge als Pfand gelassen hat und wohin er immer wieder zurückkehrt, um seine Weisheit aufzufrischen und zu vermehren. In derselben Gegend, bei Yggdrasil, befindet sich der Brunnen Urd; dort halten die Götter jeden Tag ihren Rat und üben Gericht. Mit dem Wasser dieses Brunnens besprengen die Nornen den Riesenbaum, um ihm wieder Jugend und Kraft zu geben. Wenn einst das Weltall in seinen Fugen erzittern wird, in der Wasserflut, welche der Seherin Gesicht prophezeit und welche der Welt ein Ende machen wird, um eine neue, paradiesische Periode herbeizuführen, wird Yggdrasil zwar heftig erschüttert, aber nicht zu Fall gebracht werden. Jener apokalyptische Brand, den die Seherin voraussagt, wird nicht zur Vernichtung des Kosmos führen."[67]

Der Baum ist das häufigste Bild zur Darstellung der bleibenden und unerschütterlichen Verbindung zwischen Himmel und Erde. Und er drückt zugleich noch mehr aus, denn er ist auch *das* Symbol für den ganzen Kosmos und den Menschen. In vielen Kulturen gibt es Darstellungen des Baum-Menschen, der die Verbindung des Menschen mit Himmel und Erde, mit Natur und Kosmos ausdrückt. Wenn diese alten Bilder heute noch lebendige Symbole wären, würden wir sicher anders mit der Natur, der Luft und der Erde umgehen.

„Es gibt eine Sage von einem Feigenbaum,
dem riesigen Acvatha, dem immer lebenden,
der wurzelt im Himmel,
die Zweige abwärts gerichtet...
Seine wahre Gestalt, sein Ursprung, sein Ende,
sein wirkliches Wesen,
kann keiner auf Erden erfahren."

Nach dem 15. Gesang der Bhagavad Gita[68]

Dieses Bild zeigt den umgekehrten kosmischen Baum, dessen Wurzeln im Himmel sind. Es ist, als ob die Verbindung des Menschen zu seinen Ureltern, die Verbindung des Lebens mit den großen Mächten des Kosmos buchstäblich in jeder Hinsicht verankert werden sollte. Das scheint einem Urbedürfnis zu entsprechen, denn dieses Bild ist ebenfalls weit verbreitet[69].

Das Material über die zentrale Bedeutung und Symbolik des Baumes ist überwältigend. Aus allen Kulturen besitzen wir heute Bild- und Textmaterial, das die Heiligkeit des Baumes und seine kosmische Bedeutung aufweist. Unter heiligen Bäumen werden die Götter verehrt, ja der Baum ist eine Erscheinung Gottes und die Verbindung des Menschen zu ihm. Ohne den Pfeiler, den Mast, den Baum, die Säule, die verbindet, wäre der Mensch verloren gewesen, denn die Vereinigung des Urpaares Himmel und Erde garantiert auch die Entstehung und den Fortbestand seines Lebens. An ihrer Kraft muß der Mensch beständig teilhaben. Dies sagen die Bilder aus, die Versenkung in ihre Ausdruckskraft vermittelt Lebensenergie.

Vergleicht man den indischen Text mit den schon ausgeführten Texten von der Unendlichkeit des Raumes und des Wassers am Anfang des Kosmos, so wird die Entfaltung der Schöpfung deutlich. Jetzt ist die Lebensmöglichkeit aller Wesen gewährleistet, sie können in der ihnen gegebenen und gemäßen Form bestehen und sich fortpflanzen. Am Pfeiler der Welt sind die Götter immer erreichbar, in jeder Gegend, insbesondere an den alten Eichen und Linden, ja auch am Birnbaum vor dem Haus, dem noch heute lebendigen Symbol der Fruchtbarkeit[70]. Die Kirche hat den tief eingewurzelten Baumkult heftig bekämpft, aber sie hat mit den hochstrebenden Türmen ihrer Dome und Münster ebenfalls Bauten errichtet, die die Suche nach dem Göttlichen und die Verbindung mit Gott symbolisieren. Es ist wirklich überwältigend bezeugt, daß wir Menschen nicht ohne diese Verbindung existieren können.

Dabei muß man sich wieder vergegenwärtigen, daß niemand diese Bilder im engeren Sinne „gemacht" hat. Sie sind aus den Tiefen des inneren Mikro-Kosmos entstanden und in den endlichen Raum hineingesehen, am Himmel wiederentdeckt und auf irdische Bäume projiziert worden. Über Jahrtausende haben sie sich erhalten, an vielen Orten der Welt wurden sie heilig gehalten. In diesem Sinne studieren wir mit ihnen aus dem Menschen selbst erwachsene Vorbilder. Die Seele hat sich selbst im Bild entworfen, und wir können alles Notwendige über uns selbst bei ihnen lernen. Die große Wirkkraft des meditativen Umgangs mit diesen Bildern beweist dies immer neu. So ist es auch nicht eine Priesterkaste gewesen, die aus egoistischen Interessen die Verbindung zu den Göttern forderte, sondern sie sind bestenfalls Ausleger alter Überlieferungen gewesen.

Es ist eine Botschaft des Unbewußten und der Seele, daß wir Menschen nicht ohne die Verbindung zur oberen und unteren Welt leben können. Der indische Mythos veranschaulicht dies sehr eindringlich: Die beiden Götter steigen in beide Richtungen nach oben und nach unten und kehren von dort wieder zum Mittelpunkt, zur Erde zurück.

Vor allem der abendländische Teil der Menschheit hat sehr einseitig nach außen und oben geschaut. „Alles Gute kommt von oben", sagt das Sprichwort. Oben ist der Himmel, und dort wohnen die guten Götter. Die Hölle und den Wohnort des Teufels hat man sich in der Regel nicht oben vorgestellt, sondern „in der Tiefe". Die Höhe des Himmels blieb dem guten Gott vorbehalten. Böse Engel wurden vom Himmel herabgestürzt. In den Schöpfungsgeschichten finden wir diese Unterschiede nicht. Da muß unten und oben verbunden bleiben, soll das Leben fortbestehen.

Der Phallus (Lingam) als Symbol der Lebenskraft stellt in dem angeführten indischen Mythos die Verbindung zur Unendlichkeit dar, die selbst von den Göttern nicht ausgelotet werden kann. Wir erleben dieselbe Suche und Vergeblichkeit auch in unserer wissenschaftlicher Forschung: Hat je eine von der Wissenschaft beantwortete Frage *keine* neuen Fragen aufgeworfen? Ist es nicht so, daß jeweils mehr neue Fragen gestellt werden, wenn die Antwort auf eine gefunden ist? Was wir erreichen können, ist bestenfalls eine Annäherung an die Wahrheit, nicht die Wahrheit selbst, die wir finden möchten. Die alten Bilder haben diese Erkenntnis längst verkündet. Der schöpferische Prozeß, auch der Prozeß unserer Erkenntnis, ist unendlich, und er ist die Verbindung von Himmel und Erde.

Das läßt sich auch in jedem einzelnen Leben beobachten: Erst die Entdeckung der schöpferischen Linie im eigenen Leben ermöglicht den Anschluß oder den erneuten Anschluß an die Lebensenergie. Das Gegenteil hiervon ist die traurige Resignation. Die Wiederentdeckung eines sinnvollen persönlichen Zieles kennzeichnet die Erneuerung. Von Sigmund Freud gibt es eine bekannte Arbeit über „Die endliche und unendliche Analyse", über jenen Prozeß der Selbsterfahrung und Selbsterkenntnis, der über die Psychonanalyse hinaus gesucht wird, der aber ebenfalls kein Ende kennt, solange wir am Leben sind[71].

Ein Mythos wie der vom Weltenbaum oder Lingam kann zur persönlichen Erfahrung werden. Die moderne Persönlichkeitspsychologie, wie sie von der Tiefenpsychologie entwickelt wurde, könnte das Thema nicht genauer darstellen[72]. Die Entstehung einer Neurose wird dadurch ermöglicht, daß bestimmte lebensnotwendige Kräfte und Triebe vom Bewußtsein und damit vom Mitleben und Reifen abgeschnitten werden. Es entstehen Lücken, in mythologischer Sprache könnten wir von kahlen Stellen auf der inneren Erde sprechen, wo nichts wächst, die aber ausgefüllt, ergänzt und neu bepflanzt werden können. Der Entwicklungsprozeß, der zu einer Heilung führt und in sich schon die Heilung darstellt, beginnt mit der neuen Verbindung zwischen dem Bewußtsein und dem Unbewußten.

Das gilt für alle Lebensbereiche: ob jemand bisher nicht wagte, eigene Gedanken zu denken oder aggressiv oder zärtlich zu sein, ob sie oder er es nicht wagen, einen Partner anzusprechen, Kinder sich nicht von ihren Eltern zu lösen vermochten. Jedes „ich kann nicht" kann sich verändern, wenn diese Verbindung wiederhergestellt wird.

Die alten Bilder wissen es längst, die heutigen können nur bestätigen, daß es sich hier um den schöpferischen Prozeß des menschlichen Lebens und der Entwicklung handelt. Das ist es, was Hoffnung begründet, aber auch Angst macht. Wie ein Baum wächst, was ich fühlen oder denken werde, welche Menschen ich lieben oder ablehnen werde, ist nicht vorhersehbar. Wir möchten aber so gerne wissen, was auf uns zukommt. Deswegen versuchen wir immer herauszufinden, was unsere Umgebung von uns erwartet, und uns diesen Erwartungen so weit wie möglich anzupassen. Damit wird jedoch nur scheinbar das Lebensrisiko eingeschränkt, ein viel größerer Verlust wird als Preis gezahlt und in Kauf genommen: der Verlust des eigenen Lebens. Auch was ich in der kommenden Nacht träumen werde, weiß ich nicht, selbst wenn ich schon viele Träume beobachtet und notiert habe. Jedesmal, wenn ich vor einem leeren Blatt Papier sitze, weiß ich nicht, welches Bild, welches Gedicht, welcher Text „herauskommen" wird aus dem Unbewußten, dem schöpferischen Grund. Das Schöpferische fasziniert und ängstigt, es hat die Kraft von hundert Feuern, erleuchtend, begeisternd, aber auch verzehrend. Wer die Unruhe des schöpferischen Dämons erlebt hat, weiß um die treibende Kraft, vor der es kein Entrinnen gibt. Übersetzen wir die hundert

Feuer in Energie und Kraft, die in unserem Organismus vorhanden und in bestimmten Phasen aktiviert ist, so kann man sich auch die krankmachende Wirkung der Hemmung und Verdrängung dieser Energie lebhaft vorstellen. Solche Menschen fühlen sich dann wie eingesperrte Tiere voller „Ladung" und „Hochspannung". Die Körper sind angespannt und verkrampft, alles verlangt nach Lösung, die unter verzweifelten Bedingungen dann im Alkohol, in Drogen oder im exzessiven, aber unbefriedigenden Sexualleben gesucht wird.

Auch der Fanatismus jeder Richtung nährt sich aus diesen Quellen nicht gelebter schöpferischer Energie, die allerdings dann destruktiv wird. Das Bild des flammenden Phallus sagt all dieses aus. Andererseits: Diese Kraft gehört zur Grundausstattung des Menschen, die sich in den Mythen spiegelt. Dies ist auch ein stabiler und tragender Grund, eine Gewißheit.

Die Beziehung zwischen dem Bewußten und dem Unbewußten, dargestellt im Himmelspfeiler, ist somit der Anfang und das Ende, Voraussetzung jedes Tuns und jeder Entwicklung. Das Wort „Voraussetzung" deutet noch einmal an, was schon sichtbar wurde: Es muß „gesetzt", gegründet, eine feste Basis gefunden werden, und das im voraus. Dann kann etwas entstehen und weiterwachsen. Die Riten, die früher beim Bau eines Hauses oder einer Stadt sorgfältig beachtet wurden, geben dies ebenfalls wieder. In beeindruckender Zusammenfassung zeigt dies einer der ältesten Mythen, die wir kennen, mehr als fünftausend Jahre vor Christus:

„Als der Himmel von der Erde entfernt wurde,
als die Erde vom Himmel getrennt wurde,
als die Menschheit gesät ward,
als der Himmelsgott An
den Himmel errichtet hatte,
als Enlil die Erde gegründet hatte
und als die Göttin Ereschkigal
die Hölle als Anteil erhalten hatte,
zur Zeit, da er segelte,
da der Vater zur Welt hinsegelte,
da Enki zur Welt hinsegelte . . .
In jener Zeit war nur ein einziger Baum da;
es gab nur einen einzigen Baum.
Der Johannesbrotbaum war der einzige Baum.
Auf die heiligen Ufer des Euphrat gepflanzt,
trank er vom Euphrat,
und der Südwind brach sich an seinem Stamm,
rauschte in seinem Laub."

Sumerischer Mythos [73]

Als Himmel und Erde sich trennten, wurde zugleich die Verbindung zwischen ihnen geschaffen,
und dort, wo sie erlebt wurde, gründete der Mensch
seinen Wohnort.

Am Anfang war der Baum. Der Kampf um das
Leben des Waldes und der Bäume gründet sich
wahrscheinlich auf dieses Wissen. Wäre der Baum
als Symbol des Lebens, des Kosmos und der Verbindung von Himmel und Erde nicht so tief in uns
verankert, die Baumbilder hätten sicher nicht die
heute beobachtete Wirkung. Natürlich gibt es gute
und rationale Gründe, wer bezweifelt schon die
Wichtigkeit und die Notwendigkeit unserer Wälder.

Aber in der Debatte um das Baumsterben sind Töne tiefer Wehmut, enormer Wut und Kampfbereitschaft zu beobachten. Es ist, als ob wir mit unseren Bäumen stürben, in gewisser Weise tun wir das auch; unser Lebensbaum, der die ganze Erde mitmeint, bekommt kranke und kahle Äste. Dies gilt für innen und außen. Am Baum sehen wir, wie unser Leben in Siechtum überzugehen beginnt. Je mehr der einzelne aber um seinen inneren Baum, seinen persönlichen Lebensbaum weiß, dessen Leben nicht dahinsiechen darf, um so größer ist die Chance, daß Bruder Baum auch in der Natur sein Lebensrecht zurückerhält.

C. G. Jung hat sich in seiner Studie „Der philosophische Baum"[74] eingehend mit der Symbolik des Baumes beschäftigt. Am häufigsten kommt ihm nach seiner Erfahrung und seinem Überblick folgende Bedeutung zu: Wachstum, Leben, Entfaltung der Form in physischer und geistiger Hinsicht, Entwicklung, Wachstum von unten nach oben und umgekehrt, die Muttersymbolik als Schutz, Schatten, Dach, Früchtespender, Lebensquelle, Festigkeit, Dauer, Verwurzelung, aber auch Nicht-von-der-Stelle-Können, schließlich Alter und Persönlichkeit bis zu Tod und Wiedergeburt. Damit gehört der Baum in die Reihe der großen Bilder der Menschheit. In persönlichen Träumen und Bildern kann er auf diese möglichen Bedeutungen hin überprüft werden. Die individuelle Vielfalt der Baumbilder spiegelt die entsprechende Einmaligkeit des Menschen.

Wo die Wolken sich berührten

Erster Mann und Erste Frau

„Im Osten, dort,
wo die schwarze und die weiße Wolke
sich berührten,
entstand Erster Mann.
Mit ihm wurde Weißer Mais geboren,
der wunderbar war in seiner Regelmäßigkeit.
Der Ort aber, an dem dies geschah,
heißt Maissamen-Ort.
Erster Mann und Weißer Mais
waren ohne Form und Dinglichkeit,
denn die erste Welt war die Welt der Nebelwesen,
aus denen erst alles werden sollte,
was wir heute um uns sehen.
Im Westen, dort,
wo heute die Sonne versinkt,
erschien eine blaue Wolke,
neben ihr eine gelbe Wolke.
Wo sich beide berührten,
entstand Erste Frau und mit ihr Gelber Mais.
Zugleich wurden Weiße Muschel,
Türkis und Yucca-Pflanze geschaffen.

Erster Mann stand im Osten der dunklen Welt;
er war die Dämmerung, der Anfang,
der Spender allen Lebens.
Erste Frau aber stand im Westen,

Sinnbild der Dunkelheit und des Endes.
Erster Mann trug einen Bergkristall in der Hand,
Zeichen des Begreifens,
des klaren Denkens,
Symbol des Verstandes und des Feuers.
Als er diesen flammen ließ,
erwachte sein Geist
aus der untätigen Dämmerung
der ersten Schöpfung und begriff sein Dasein.
Erste Frau aber ließ Türkis brennen,
dessen blaues Licht weithin leuchtete."

Erster Mann und die Ordnung der Welt
Schöpfungsmythos der Navaho [75]

Dieses ausführlich angeführte Beispiel eines Ur-
Paar-Mythos steht stellvertretend für eine große
Anzahl solcher Geschichten und Bilder. Der Paar-
mythos ist die weitere Ausgestaltung des großen
Selbstentfaltungsprozesses [76], dessen erste Anfänge
sich in der Dunkelheit der Urnebel verlieren. Auch
dieser Schöpfungsmythos der Navahos beginnt:
„Dunkel und unsichtbar war die erste Welt am Anfang allen Seins, so dunkel wie die Wolle schwarzer
Schafe" (vergleiche S. 28). Die winzige Insel war
schon auf dem unendlichen Weltennebel sichtbar,
auch die vier Himmelsrichtungen gab es, und über
jeder schwebte eine Wolke, die den schöpferischen
Keim weiteren Werdens enthielt. „In der Mitte aber
wuchs die Weltenkiefer", einer dieser kosmischen
Bäume, die den heiligen Ort angeben, an dem die
Verbindung zu Gott aufgenommen werden kann.
Einmalig schön ist die Fortsetzung dieser Geschichte:

„Höher steigen nun die Weiße
und die Schwarze Wolke,
Raum zu geben ihrer Schöpfung.
Erster Mann wanderte in die Dunkelheit hinaus
auf der Suche nach dem blauen Feuer im Westen.
Zweimal kehrte er vergeblich zurück.
Da nahm er einen Zweig der Weltenkiefer,
ließ von ihm den Weg sich weisen.
So sah er Erste Frau,
am Rauch vom Türkisfeuer." [77]

Beide treten langsam hervor, gewinnen ihren Umriß, das Urbild des Paares gewinnt eine erste konkrete Gestalt.

In der ältesten bekannten Paradieserzählung, im „Mythos von Dilmun" aus dem Lande Sumer, erhalten wir Kunde von einem Götterpaar, mit dem die Entwicklung einsetzt:

„In der Welt von Dilmun,
die jungfräulich ist,
in der Welt von Dilmun,
die hell ist,
ist das einzige Paar in Dilmun in Schlaf
versunken.
Das Land, wo Enki einschlief bei seiner Gattin,
dieses Land ist jungfräulich, ist hell.
Das einzige Paar,
in Dilmun ist es in Schlaf versunken,
das Land, wo Enki einschlief bei der Jungfrau,
dieses Land ist jungfräulich,
dieses Land ist hell." [78]

Bis zum Augenblick der Zeugung und Geburt der Wesen durch dieses Paar existierte nichts, nicht einmal das Wasser. Es ist dann die Jungfrau, die den Gott auffordert, das Wasser zu schaffen, und Dilmun vermag „Wasser in Fülle zu trinken". In jener Urzeit erreicht Enki den Johannesbrotbaum, den Urbaum am heiligen Ufer des Euphrat.

Nicht direkt, aber dem Sinn nach stellt Erster Mann nun persönliche Beziehung zum Weltenbaum her, eine Beziehung, die den Menschen zu führen vermag, auch vom Dunkel ans Licht, hier aber hin zur Partnerin, zu Erste Frau. Ich fand diesen Griff nach dem Zweig der Weltenkiefer so ergreifend, daß ich ihn immer wieder lesen mußte. Da es gerade Neujahrszeit war, als ich dieses Kapitel schrieb, spürte ich den Wunsch, jeder möge diesen Zweig suchen und finden, der ihm seinen Weg weisen wird.

Vom ägyptischen Gott Amon wird berichtet:

„Er brachte die Geschöpfe zur Welt
und bewirkte, daß sie leben.
Er bewirkte, daß alle Menschen
einen Weg wissen, den sie gehen.
Und daß ihr Herz lebt,
wenn sie ihn sehen." [79]

Nach zwei vergeblichen Versuchen nahm Erster Mann einen Zweig der Weltenkiefer und fand seinen Weg. Der Zweig symbolisiert das Ganze des Baumes, mehr könnte eine Menschenhand ohnehin nicht umfassen. In diesem Mythologem drücken sich Ur-erfahrungen aus: die Suche und ihre Enttäuschun-gen, die Sehnsucht nach dem Wissen um seine Bestimmung – selbst Brahma wollte und mußte wissen, wer er ist –, nach der Verbindung mit dem Ganzen, dem Göttlichen. Vielleicht ist der oft zitierte Strohhalm, nach dem ein Ertrinkender noch greift, eine Variante dieses Bildes vom Zweig der Weltenkiefer.

Wenn wir einen Menschen auf seinem Weg in die Dunkelheit der Seele begleiten, so suchen wir gemeinsam nach den führenden Hinweisen von innen. Träume und Bilder aus dem Unbewußten kann man direkt mit diesem Zweig vergleichen oder wenigstens mit einem seiner Blätter. Sie sind Wegweiser und Weg zugleich.

Erster Mann findet Erste Frau, Ost und West, Morgen und Abend finden zueinander und nicht zuletzt Frau und Mann als Partner. Die Frau findet über ihren Weg der Seele Zugang zu ihren männlichen Anteilen und zu ihrer größeren Ganzheit, so auch der Mann. Eines der sumerischen Urpaare, das Paar Anschar und Kischar, heißt interessanterweise „Ganzheit der oberen Elemente" und „Ganzheit der unteren Elemente"[80]. Schon vor gut fünftausend Jahren wußten Menschen um diese Dinge. Ganzheit ist also nicht erst ein Wort der modernen Psychologie oder Umweltdiskussion.

Für den Mann unserer Tage haben Gefühle oft weiblichen Charakter, die Frau verbindet Intellekt, Technik und Logos eher mit dem Mann. In beiden Fällen handelt es sich aber um grundsätzliche Fähigkeiten oder Kräfte der Psyche, die menschlich sind, aber aus vielerlei Gründen bevorzugt bei dem einen oder anderen Geschlecht entfaltet werden. Wie die Mythen zeigen, ist dies keineswegs ein europäisches oder christliches Thema allein. Kulturelle Faktoren sind ausschlaggebend, welche Fähigkeiten vorwiegend als „weiblich" oder „männlich" angesehen werden. Frauen und Männer bemühen sich dann unter dem Druck und gemäß den Leitbildern ihrer Erziehung, eine „richtige Frau" oder ein „richtiger Mann" zu werden, daß heißt aber auch, alles zu vermeiden oder zu unterdrücken, was in der jeweiligen Kultur als männlich beziehungsweise weiblich angesehen wird, um nicht als Mann-Weib oder weibischer Mann zu gelten. Züge des anderen Geschlechts zu zeigen ist ein Zeichen von mißlungenem Leben, ein Charakterfehler oder ein Makel. Aber diese in der sozialen Welt in ihrer Bedeutung so hochgespielten Gegensätze werden im genannten sumerischen Mythos schon überwunden. Schon vor 5000 Jahren wußten die Seher also, was heute die Wissenschaft und die Emanzipations-Bewegung endlich wiederentdecken. Entscheidend ist auch nicht, wer welche Eigenschaften hat, sondern daß man zueinanderfindet und gemeinsam ein größeres Ganzes bildet, das unter anderem auch im Kind seinen Ausdruck findet[81].

Ein Zweig der Weltenkiefer ist jedem zugänglich. Mir war das das hilfreichste und hoffnungsvollste mythologische Bild bei der Beschäftigung mit diesem Thema. Ob es die Indianer, die heute zu neuem Selbstvertrauen erwachen, über die Jahrhunderte am Leben erhalten hat? In unserer Zeit ist es populär geworden, Bäume zu pflanzen, auch der Symbolgehalt dieser Handlung ist plötzlich wieder zugänglich, sogar selbstverständlich geworden. Jeder Mensch versteht diesen Vorgang. Es ist sicher nicht zu weit gegangen, wenn wir in all diesen Bäumen Zweige der Weltenkiefer sehen. Solange sie noch in uns lebendig ist, und das Engagement für die Wälder zeigt es, so lange gibt es Hoffnung für den Baum und damit für uns. Er kann uns führen, er reicht mit jedem nächtlichen Traum in das tägliche Leben hinein. In einer Liebesbeziehung führen wir einander hin zu diesem kosmischen Baum, denn ohne diese Bindung zwischen Himmel und Erde könnte kein Paar fruchtbar werden. Im Erleben der Liebe, des Eros und der Sexualität haben wir wieder teil an diesen Energien.

Als die Entwicklung des Kosmos und der Welt eine bestimmte Stufe erreicht hatte, konnte das Paar entstehen. Das entspricht den Beobachtungen bei der Entwicklung unserer Kinder, den Erfahrungen, die der Erwachsene in seinen Beziehungen und seinem Liebesleben macht.

Erst wenn genügend Voraussetzungen erfüllt sind, ist der Eintritt in die Entwicklungsphase der gegengeschlechtlichen Beziehung wirklich möglich. Die meisten Menschen bleiben in früheren Entwicklungsphasen stecken, ihre Beziehungen sind dann geprägt von Zügen der Abhängigkeit, der Anklammerung, der Dominanz, des Kampfes um die Macht, der Rivalität und der ständigen Auseinandersetzung. Die wirklich liebende Begegnung und Vereinigung bleibt ein Traum. Auch die sexuellen Beziehungen, die Ehen, lassen sich auf diese Weise charakterisieren. Männer haben den Anspruch, Frauen zu „besitzen", was einem seelischen Entwicklungsstand auf der sogenannten oralen, der ganz frühen Entwicklungsstufe entspricht. Frauen fühlen sich entsprechend als Objekt betrachtet und benutzt. Die vielen Variationsmöglichkeiten der sexuellen Begegnungen zeigen, daß mit der körperlichen Vereinigung die liebende Begegnung nicht verbunden sein muß.

Zwei sehr kindlich gebliebene Menschen haben überhaupt noch keinen Zugang zu den Möglichkeiten einer reifen Paarbeziehung. Ein Mann, der in seiner Frau seine Mutter sucht, eine Frau, die immer nur Tochter geblieben ist und sich bisher geweigert hat, zur erwachsenen Frau und zur Mutter heranzureifen, wird die vollen Möglichkeiten der sexuellen und gefühlsmäßigen Begegnung kaum erleben können. Vergleichen wir solche persönlichen Entwicklungen mit den hier dargestellten Phasen der Weltentstehung, so lassen sie sich ohne weiteres einordnen: Es fehlt der schöpferische Keim, der begeisternde Impuls eines gemeinsamen Lebens, der feste Standort, die Beziehung zu Kräften jenseits des persönlichen Lebens. Es ist einer Beziehung abzuspüren, ob sie der Führung durch einen Zweig der Weltenkiefer entsprungen ist oder ichhaften Interessen entspricht. Auch im Laufe der Entwicklung einer Paarbeziehung wird es den Partnern immer wieder erlebbar, ob sie der echten Sehnsucht ihrer Herzen gefolgt oder von vordergründigen Interessen geleitet worden sind. Es gibt Augenblicke, da drängt sich die unabweisbare Erkenntnis auf, daß erst mit *diesem* Mann oder *dieser* Frau jener Weg gefunden wurde, der dem zentralen Anliegen eines Lebens entspricht. Es ist nicht der Rausch des Augenblicks, es ist eine tiefe Ahnung und langsam wachsende Überzeugung, daß diese neue Beziehung jener Weg ist, der meiner Bestimmung entspricht.

So trägt jeder die Ahnung von der Erreichbarkeit eines Zweiges der Weltenkiefer in sich. Doch vermag er ihn zu fassen und, wenn ergriffen, ihn festzuhalten und den neuen Weg sich zeigen zu lassen? Eine gute Portion Mut und Tapferkeit, auch Entschlußfähigkeit und Risikobereitschaft, gehören dazu. Vielleicht führt der Lebensweg erst in späteren Jahren zum kosmischen Baum, an dem die neue Richtung erkennbar wird. Dann kommt eine Zeit des Aufbruchs, vielleicht mit unvermeidbarer Schuld verbunden, wenn Trennung notwendig wird. An den Riß in der Schale des Welten-Eies, den Ta'aroa durch sein Klopfen verursachte, sei hier noch einmal erinnert.

Im Mythos von Erster Mann und Erste Frau ist die Liebesbeziehung eng mit der kosmischen Verbindung von oben und unten, von Himmel und Erde verbunden. Der Beginn einer Ehe oder einer festen Freundschaft ist auch noch für viele Leute die erste wirkliche Trennung vom Elternhaus. Der Rückhalt verschwindet. Die Trennung von den persönlichen Eltern kann nur dann wirklich erfolgen, wenn eine Einordnung in andere soziale Bezüge möglich ist, die auch väterliche und mütterliche Züge tragen. Es ist noch nicht lange her, daß die Eltern ihre scheidenden Kinder „in Gottes Hand befahlen", dem himmlischen Vater zurückgaben, von dem sie sie empfangen hatten. Die Ablösung von den Eltern kann nur stufenweise erfolgen. Als die Konfirmation noch ein lebendiges symbolisches Geschehen war, nahm mit ihr der Heranwachsende einen neuen, bewußteren Bezug zur „Mutter-Kirche" und zum „Vater im Himmel" auf. Das persönliche Elternpaar wurde durch ein großes, archetypisches Elternpaar abgelöst. Auf diese Weise wird die Paarbeziehung ein Weg zur Ganzheit, kann sich die „Ganzheit der unteren und oberen Elemente" zusammenfügen. Ein Menschenpaar symbolisert *eine* von vielen Möglichkeiten, ein Ganzes, „ein Herz und eine Seele", „ein Fleisch" zu werden. Jeder bringt Lebensmöglichkeiten in das gemeinsame Leben mit, die dem anderen fehlen und die er unbewußt gesucht hat. Das Spiel der Farben im indianischen Mythos drückt dies sehr poetisch aus. Dieser Farbenganzheit waren wir aber auch schon bei den Wolken des Anfangs begegnet.

Nicht nur Erste Frau und Erster Mann, jeder Partner ist auf diese Weise in kosmische Zusammenhänge eingeordnet. Aber das zu erkennen bedarf des Zweiges der Weltenkiefer. Die Alternative ist Einsamkeit und Verzweiflung.

Die ewigen Gesetze

„Solange eine Welt steht
und ein Himmel, in dem Gott herrscht,
wird von Gottes Willen und Ordnung
kein Buchstabe abgestrichen.
Wer nun irgendeine
noch so unscheinbare Ordnung,
die Gott gestiftet hat, überholt nennt
und diese Meinung
unter den Menschen verbreitet,
wird im Reiche Gottes
zu den Anfängern gehören.
Wer sich dagegen nach diesen
göttlichen Ordnungen richtet
und den Menschen hilft, dasselbe zu tun,
wird im Reich Gottes unter den Großen sein."

Jesus Christus in seiner Bergpredigt,
Matthäus 5, 18 und 19

„Dann entsteigt dem Nabel des Vishnu
an der Spitze eines langen Stengels,
den die Lebenskraft Vayu
in Wellenbewegung hält,
eine rosafarbene Lotosblüte,
aus der der Schöpfer-Gott Brahma
geboren wird ...

Er hat vier Arme,
von denen jeder ein Buch hält,
und vier Münder,
von denen jeder eines dieser Bücher rezitiert.
Es sind die ewigen Gesetze, die Vedas,
denen er bei der Durchführung
seiner Aufgabe folgen muß."[82]

Dem Thema „Ordnung" waren wir in den vorangegangenen Kapiteln schon mehrfach begegnet. Aus
allen Schöpfungsgeschichten geht überzeugend hervor, daß der Kosmos Ordnungen folgt und unterliegt,
die, wie die heiligen Veden der Inder, schon vor den
Göttern existierten. Nicht nur Bilder, auch abstrakte
Gedanken und ausformulierte Prinzipien bestimmen das Weltbild unserer Vorfahren. Die vier Himmelsrichtungen, ein Beispiel für die Grundordnung
des Kosmos, werden in den meisten Schöpfungsgeschichten ziemlich bald erwähnt. Das weist darauf
hin, daß eine Welt ohne solche Ordnungen für den
Menschen nicht denkbar war. Auch hier projiziert er
seine eigenen großen Grundorientierungen wieder
in den kosmischen Raum hinaus, denn auch unser
Leben ist ohne diese Grundordnungen nicht denkbar. Ich kann mir vorstellen, daß die Kardinaltugen-
den, wie sie von der katholischen Kirche verkündet
werden, hier ihren Ort haben. Es sind Leitlinien,
nach denen sich das Leben ausrichtet, ausrichten
will und ausrichten muß, denn sie entsprechen der
Grundstruktur unserer Persönlichkeit.

Forschungsergebnisse der Biologie und Physik,
die sich mit der Entstehung der Materie und des
Lebens befassen, weisen klar auf vorgegebene Ordnungen hin, nach denen sich die Energieströme des

Kosmos organisieren und anordnen[83]. Gestaltprinzipien, wie man Ordnungen auch im Hinblick auf ihre Dynamik nennen kann, bestimmen die Formen des Kosmos und seiner Bausteine von Anfang an. „Am Anfang der Schöpfung steht die Gestaltbildung."[84] Nach heutiger Meinung mußte zum Beispiel alles *mit Notwendigkeit* aus dem Wasserstoff des Uranfangs hervorgehen. Wer bereit ist, „die vorliegenden experimentellen Ergebnisse und Beobachtungsdaten zur Kenntnis zu nehmen, kann sich leicht davon überzeugen, daß die Materie unter dem Einfluß der Naturgesetze nicht nur Sonnen- und Milchstraßen-Systeme, sondern auch lebende Strukturen hervorbringen mußte. So, wie die Naturgesetze sind, und so, wie die Materie beschaffen ist, war die Entstehung von Leben – genügend große Zeiträume vorausgesetzt – nicht nur wahrscheinlich, sie war unausbleiblich. Wer die Entwicklung in Gedanken aber bis an den Anfang zurückverfolgt, dem geht auf, in welchem Maße wir der Materie Unrecht getan haben, und der entdeckt in der Struktur des Wasserstoffatoms – als der Materie des Uranfangs, aus der alles hervorgegangen ist, was heute existiert – den unübersehbaren Hinweis auf eine jenseits unserer Wirklichkeit gelegene Ursache der Welt."[85] Dies wären nun wieder die ewigen Gesetze, die alle Kreisläufe, auch die großen Zyklen des Lebens der Götter überdauern. Können wir diese unerbittliche Ordnung bis in die Nebel des Anfangs, von denen die Mythen so oft erzählen, zurückverfolgen, so wundert es nicht, daß auch die Anfänge unseres Bewußtseins bis in die erste lebendige Urzelle zurückverfolgt werden können. Auch sie muß schon unterscheiden, für sie Geeignetes aufnehmen, für ihr

Weiterleben Ungeeignetes ablehnen. Das ist die erste Urform der Erkenntnis.

Die alten Mythen in ihrer Bildersprache und die neuen Modelle in ihrer wissenschaftlichen Sprache nähern sich einander an. Heute wird sogar wieder die Meinung vertreten, daß die Wahrheit unteilbar ist und nicht in eine religiöse und eine den Naturwissenschaften zugeordnete Wahrheit aufgespalten werden kann[86]. Das Bild des Unus mundus, der einen Welt, rückt wieder näher.

Im folgenden sollen einige dieser uralten Ordnungen dargestellt werden, wie sie in den mythischen Bildern erscheinen.

Themis

„Themis, die Regel der Natur,
die Norm des Zusammenlebens
der Geschlechter,
ja des Zusammenlebens
der Götter und Menschen überhaupt"[87] –

so heißt eine der ältesten Göttinnen Griechenlands. Sie wird in vielen Erzählungen erwähnt, sie ist älter als Zeus. Sie gehört zu den zwölf Kindern des Urpaares Himmel und Erde und ist nach dieser Vorstellung eine der Titaninnen. Sie war von Anfang an da. Sie wird auch Göttin der Gerechtigkeit genannt.

Heute sprechen wir mit großer Hochachtung von den Naturgesetzen. Ihrer Erforschung widmen wir viel Kraft und Geld. Immer deutlicher wird uns, daß die Verletzung der Regeln der Natur den Kreislauf des Lebens stört und gefährdet. „Ökologisches

Gleichgewicht", „Regelkreise", „Ganzheitlichkeit und Vernetzung" sind moderne Ausdrücke für diese in der griechischen Göttin dargestellte Norm des Lebens. Wir könnten beliebig fortfahren: Es gibt Entwicklungsgesetze, denen jedes Kind unterworfen ist, deren Verletzungen schlimme Folgen hat. Jedes Lebewesen hat eigene, alle haben gemeinsame „Regelmäßigkeiten", denen sie folgen. Wir kennen sie noch längst nicht alle. Je tiefer wir in die Gesetze des Lebens eindringen, um so umfassender erscheinen sie. Wahrlich, Themis *ist* eine große Göttin! Wird sie sich rächen, wie Göttinnen es tun, wenn wir sie kränken und verletzen? Offenbar war es am Anfang der Zeiten einfach selbstverständlich, um diese Gesetze der Natur zu wissen und sie gebührend zu beachten. Gewiß war der Mensch der frühen Zeit den Gewalten der Natur in ganz anderer Weise ausgeliefert als wir und viel mehr darauf angewiesen, ihre Regelmäßigkeiten und Gesetze zu erkennen und sich ihnen anzupassen.

Wir lebten seit Jahrzehnten in dem Glauben, uns mit unseren technischen Möglichkeiten über die Besonderheiten der Natur hinwegsetzen, es besser zu können und zu machen als diese. Daß dies ein Irrtum war, ist heute nicht mehr zu übersehen. Nur verehren wir die Regeln der Natur noch nicht wieder als eine große Göttin.

„Was verletzt wird, rächt sich."[88]

„Wird die Themis nicht beachtet,
ist die Nemesis da,
die Göttin der Rache und des gerechten Zorns,
der sich gegen diejenigen richtet,

die eine Ordnung,
vor allem eine Ordnung der Natur,
durchbrochen haben
und ihre Regel und Norm verletzen.
Die Göttin war immer zur Stelle,
wenn Themis auf irgendeine Weise
verletzt wurde.“[89]

Je mehr sie verletzt wird, um so stärker wird der Rachegeist. Dieser Prozeß steigert sich immer weiter, denn wird die Rachegöttin nicht beachtet, werden Naturgesetz und Gesetz der Rache weiterhin mißachtet und verletzt, so entfaltet die Rachegöttin immer mehr Kraft und Energie. Die Genauigkeit und universelle Gültigkeit dieser Aussage, die die Beziehung der beiden großen Göttinnen darstellte, ist tief beeindruckend. Warum nur haben wir diese seit Jahrtausenden bekannten Zusammenhänge vergessen, obwohl sie sich in dem einen erschütternden Satz „wird die Themis nicht beachtet, ist die Nemesis da“ ausdrücken lassen? Brauchen wir Forschungsetats in Milliardenhöhe, um zu dieser alten Wahrheit zurückzufinden?

Wir verleugnen oder verwerfen heute gern den Rachegedanken, er erscheint uns nicht mehr human. Sicher stimmt es, daß die Liebe alles überwindet, trotzdem bleibt auch in der biblischen Botschaft ein „mein ist die Rache, spricht der Herr“ stehen. Christus mußte den Menschen wieder mit Gott versöhnen, und die Bilder der Vergeltung, wie sie die Offenbarung des Johannes schildert, sind schreckliche Zeitvisionen. Auch hier gibt es noch die Gesetze der Rache. In der Alltagspsychologie weiß man noch, daß sich vieles „bitter rächen wird“, ja muß, wie es oft heißt. In dem „muß" ist unser Wissen über die gesetzmäßigen Zusammenhänge im Sinne des „was verletzt wird, rächt sich" enthalten.

Die Liste möglicher Verletzungen ist endlos. Im menschlichen Bereich sind es vor allem die Verletzung des Selbstwertgefühles und die daraus erwachsenen Kränkungen, die unendlich viel Leid und Unheil anrichten. Vieles „schlucken wir runter", aber wir behalten es im Gedächtnis. So mancher Angestellte, der aufgrund seiner abhängigen Stellung fortlaufend Kränkungen seiner Vorgesetzten hinnehmen muß, wartet auf seine Stunde, die ihm eine Stunde der Abrechnung und der Rache ist. Dann sollen die Konten ausgeglichen werden. Abhängigkeit ist deshalb so schwer zu ertragen, weil wir dann die inneren Regeln unseres Lebens ständig verletzen lassen müssen, ohne etwas dagegen tun zu können. Ironie und Sarkasmus, der Lächerlichkeit vor anderen und in der Öffentlichkeit preisgegeben zu sein, verletzen und lösen eine Wut aus, die nicht ausgedrückt werden kann. Die psychosomatische Medizin weiß heute einiges über die Zusammenhänge von unterdrückter Wut und körperlicher Erkrankung. Man hat es einmal in dem Satz zusammengefaßt: „Was kränkt, macht krank." Viele Krankengeschichten bestätigen das. Leider sind Auslachen und Entwerten einige der häufigsten und schlimmsten Erziehungsprinzipien. Wie oft wird da Nemesis konstelliert, Rache geschworen, die Faust in der Tasche geballt. Erniedrigung ganzer Bevölkerungsgruppen, Ideologien vom Untermenschen und von Volksfeinden, soziale Rangskalen, Ausländerprobleme und sadistische Witze über andere Nationalitäten – die Welt ist voller Verletzungen der

Regeln des Zusammenlebens der Menschen. Die Folgen der Verletzung der Normen des Zusammenlebens zwischen Menschen und Gott und dem, was wir uns selbst antun, indem wir die religiöse Funktion unserer Seele mißachten oder völlig verleugnen, das ist noch kaum erforscht. Wenn wir genauer hinhören und auch die leisen Hinweise aus unserer Seele beachten, spüren wir, wie wir uns Gott nahen müssen. Wir ahnen etwas von der „Furcht Gottes", wenn wir die Ehrfurcht vor dem Leben zulassen.

Solange wir der Liebe noch so wenig verbunden sind, so lange sollten wir das Rachegesetz sorgfältig beachten. Wir können das eine nicht verlassen, ohne es durch das andere zu ersetzen. Erst wo die Liebe ist, hat die Furcht keinen Platz mehr. Die Liebe kann die Kraft geben, zu verzeihen und der Rache abzuschwören. Doch auch sie bedarf einer tiefen Verankerung in unserer Persönlichkeit, die leider nur bruchstückhaft vorhanden ist.

Im Popol Vuh gibt es mehrere Erzählungen über diese Gesetzmäßigkeiten. Tiere, Pflanzen und Gegenstände klagen den Menschen an. „Aber da sie nicht dachten, da sie nicht mit dem Schöpfer und dem Former sprachen, die sie geschaffen und geformt hatten, darum wurden sie getötet, wurden sie ertränkt. Flüssiges Harz tropft vom Himmel... darum verdunkelte sich das Antlitz der Erde, und es begann ein schwarzer Regen, Tagregen, Nachtregen."[90] Hier ließen sich leicht Parallelen zu den Vorstellungen herstellen, die wir über den schwarzen Regen nach einer atomaren Katastrophe haben.

Im Popol Vuh klagen zum Beispiel die Hunde die Menschen an: „Warum habt ihr uns kein Fressen gegeben? Kaum blickten wir euch an, so jagtet ihr uns schon von eurer Seite und jagtet uns heraus mit dem Stock an eurer Seite. Vielleicht würden wir euch jetzt nicht töten. Aber warum habt ihr nicht nachgedacht und seid ihr nicht in euch gegangen? Darum werden wir euch jetzt zerstören, darum werdet ihr jetzt die Zähne in unserem Maul kennenlernen.' So sprachen die Hunde. Und darauf zerrissen sie ihnen das Gesicht."

Und die Pfannen und Schüsseln sprachen: „‚Schmerz und Leiden habt ihr uns verursacht. Rußig waren uns Mund und Angesicht. Stets standen wir auf dem Feuer, und ihr verbranntet uns, als ob wir keinen Schmerz fühlten. Jetzt werdet ihr es fühlen. Verbrennen werden wir euch.' So sprachen die Schüsseln und zerstörten ihnen das Antlitz. Und die Steine des Herdes flogen vom Feuer, schmerzhaft schlugen sie gegen die Köpfe. Verzweifelt rannten sie hierhin, dorthin. Sie trachteten, auf die Häuser zu steigen, die Häuser stürzten ein. Zu Boden fielen sie. Sie trachteten, auf die Bäume zu steigen, die Bäume schleuderten sie weit davon, sie trachteten, in die Höhlen zu gelangen, und die Höhlen schlossen sich vor ihnen. Das war der Untergang der Menschen, die geschaffen und geformt wurden."[91]

Maat

In Ägypten wurde die Gerechtigkeit als Maat, als Tochter des Gottes Re verehrt. In ihr ist ein Grundbegriff des ägyptischen Denkens personifiziert, doch finden sich Spuren dieser Göttin an vielen Stellen der Welt. „Maat verkörpert in der Hauptsache das Prinzip der Ordnung, das den Kosmos beherrscht und dessen unerläßliches Gleichgewicht gewährleistet. Doch erstreckt sich die Rolle der Maat auch auf die soziale und moralische Ordnung, wo sie deren Konformität mit den göttlichen und menschlichen Gesetzen ausdrückt, kurz: den Begriff der Gerechtigkeit und der Wahrheit. Als Göttin der Gerechtigkeit ist die Göttin Maat Mitwirkende beim ‚Wiegen der Seele‘, dessen sich der Verstorbene vor dem Gericht des Osiris (des Unterweltgottes) unterziehen muß. Das Herz des Toten, das als Sitz des Gewissens betrachtet wird, soll genau die im Bildnis der Göttin verkörperte Gerechtigkeit aufwiegen."[92]

Werden wir wohl zu leicht befunden, wenn wir vom göttlichen Richter gewogen werden? Noch heute verkörpert die Waage auch in der Justiz das Prinzip der Gerechtigkeit. An früherer Stelle hatte ich schon darauf hingewiesen, wie das Prinzip der ausgleichenden Gerechtigkeit bis heute in den Familiensystemen das Verhalten der Generationen und ihre Beziehungen zueinander bestimmt. Die nachfolgende Generation spürt die Verpflichtung, die Lücken und Defizite im Leben der vorangegangenen auszugleichen, deren Schuld zu sühnen, das wiedergutzumachen, was jene angerichtet haben. Die Gerechtigkeit gehört, wollen wir den mythologischen Bildern folgen, zu den Grundgesetzen des Kosmos und damit auch zu den Grundgesetzen der Psyche. Es muß dem Menschen schon in der Frühzeit möglich gewesen sein, gerecht und ungerecht zu unterscheiden. Und es entsprach wohl einem seiner tiefsten Bedürfnisse, dieses Thema mit seinen Göttern zu verbinden und von dort jenen Ausgleich zu erwarten, den der Mensch selbst nicht zu schaffen vermochte.

Wir ertragen es nur schwer, daß die Güter dieser Welt so ungleich verteilt sind. Angesichts der heutigen Weltlage, der zunehmenden Spannungen zwischen den reichen und den armen Nationen, drängt sich das Prinzip der Gerechtigkeit erneut auf. Und es wird zur Motivation unseres Handelns; wir glauben es nicht länger verantworten zu können, daß auf Erden solches Unrecht geschieht. Im Namen der Humanität, im Namen der Menschenrechte, im Namen der Würde des Menschen fordern wir mehr Gerechtigkeit.

Dike

Die griechische Göttin Dike verkörperte beides: Themis und Nemesis, Ordnung und Rache, und sie ist eng mit der Gerechtigkeit verbunden. Von ihr wird auch gesagt, daß sie am Ende unseres bösen Zeitalters, auf das noch Schlimmeres folgen soll, die Menschen verlassen werde, so auch Nemesis. Sie habe sich schon in die Berge zurückgezogen, als die Menschen nicht nur die gerechte Vergeltung, sondern die Gerechtigkeit überhaupt nicht mehr achteten. Als es dann noch schlimmer wurde, habe Dike die Erde verlassen und sei am Himmel sichtbar als Sternbild der Jungfrau[93]. Also wenigstens sichtbar ist sie noch, wenn auch nur in weiter Ferne. Auch tragen wir ihr Bild in uns. (Die Astrologie wird ja nicht müde, die Verbindung des Menschen mit den Sternen zu betonen und zu erforschen.) Erst wenn die Gerechtigkeit, die Gesetze der Natur und die Gesetze der Rache unsere Welt verlassen haben, kann das wirkliche Chaos ausbrechen. Und erst wenn wir uns diesen Zustand der totalen Verwahrlosung unserer Welt vorstellen, wird klar, wie wichtig diese Grundgesetze zur Erhaltung des Lebens und der sozialen Ordnung, des Zusammenlebens und der sozialen Gerechtigkeit sind.

Auch hier ließen sich wieder vielerlei Parallelen zu den Störungen in der Persönlichkeitsentwicklung aufzeigen. Wenn die Entwicklung der Ordnungskräfte in der Psyche nicht artgemäß und den Entwicklungsrhythmen entsprechend vor sich gehen kann, fehlen dem Menschen fester Umriß und klare Orientierung. Gut und böse können nicht mehr genau voneinander unterschieden, mein und dein nicht getrennt werden. Prinzipien des Allgemeinwohls werden engstirnigen, egoistischen Interessen geopfert, die Orientierung am eigenen Wohlbefinden ist der einzige Maßstab des sozialen Zusammenlebens, das damit früher oder später zusammenbrechen muß. Menschen mit solchen frühen Störungen in ihrer Entwicklung fällt es außerordentlich schwer, sich in die Formen des Erwachsenenlebens einzufügen. Sie versuchen immer wieder auszubrechen, sei es mit kriminellen Mitteln, mit Mitteln der Droge oder des ständigen Affektdurchbruchs.

Die Horen und der Kairos

Themis hatte mehrere Töchter, von denen hier die Horen erwähnt seien. „Hora bedeutet die richtige Zeit." Ihre Göttinnen sind die drei Horai, die nicht trügen und täuschen und daher mit Recht wahrhaftig genannt werden. Sie bringen und geben die Reife an, kommen und gehen nach der festen Regel der Periodizität der Natur und des Lebens. Ihnen waren die Tore des Himmels und des Olympos anvertraut... Mit Namen hießen sie: Eunomia, „gesetzliche Ordnung", Dike, „gerechte Vergeltung", und Eirene, „Frieden"; das also war es, was diese Göttinnen, die Zeus mit der Themis gezeugt hatte, in die Welt brachten[94].

Kairos, Kind der Nacht am Anfang der Zeiten, ist der „Gott des rechten Augenblickes". Jeder kennt ihn, hat seine Wirkung erfahren bei der Schwierigkeit, den „richtigen Zeitpunkt" zu finden. Die Natur kennt ihre Zeiten, lebt ihre Rhythmen. Wir bestimmen weitgehend unsere Zeit selbst, planen sie und teilen sie ein oder gehen gedankenlos mit ihr um. Wirkliche Sicherheit, wann „die rechte Zeit für das rechte Wort" gekommen ist, haben wir nie, es bleibt eine schwer überschaubare, schon gar nicht planbare Angelegenheit. Kairos ist ein flüchtiger Gott, so rasch wie er gekommen, so rasch entschwindet er wieder. Seine Anwesenheit währet einen Blick der Augen, nicht länger. Wenn wir von der „Gunst der Stunde" oder des Augenblicks reden, so meinen wir jene Urerfahrung, die im Kairos oder der Hora Gestalt gewonnen hat. Die enge Verbindung der richtigen Zeit mit der Ordnung, der Gerechtigkeit, der Vergeltung und dem Frieden ist in der Vision der Horen schon enthalten.

In der altpersischen Religion gab es zwei Aspekte der Zeit, „Zurvan der Ungeteilte" und „Zurvan mit der langen Herrschaft"[95]. Man versuchte damit, die transzendente Ewigkeit und Dauer und die unendliche Reihenfolge der Augenblicke auszudrücken. In diesem zweiten Aspekt wird die Zeit zum Instrument des Schöpfergottes Ormuzd. Zu der unvollstellbar langen Dauer der Ewigkeit haben wir keinen unmittelbaren Zugang, sie bleibt eine Verheißung,

143

die sich in dieser oder jener Form erfüllen mag. Aber mit jedem neuen Zeitpunkt des Lebens ergeben sich neue Möglichkeiten. Insofern wird die unendliche Reihenfolge der Augenblicke zu einem schöpferischen Lebensinstrument. Trotz aller Bindungen und Belastungen durch die Vergangenheit beginnt mit jedem Augenblick das Leben von neuem. Es ist, als ob unser Bewußtsein jeden Morgen aus dem Dunkel der Nacht zum Leben erwache und die Chance habe, alles mit neuen Augen zu sehen.

Der Sinn des Abwartens liegt darin, eine Serie von Augenblicken vergehen zu lassen und erst dann wieder in das Zeitgeschehen einzugreifen und eine günstigere Gelegenheit zu ergreifen. „Wenn erst einmal etwas Zeit darüber vergangen ist . . .", dann heilt die Zeit auch alle Wunden, so sagen tröstliche Aussprüche. Als müßten wir uns für eine Weile „Zurvan dem Ungeteilten" anvertrauen und aus der zeitlichen Abfolge heraustreten, um wieder Kraft zu sammeln für den schöpferischen Umgang mit den vielen Augenblicken, dem „Zurvan mit der langen Herrschaft". Unser Organismus folgt von sich aus instinktiv diesen alten Gesetzen.

Subjektiv gesehen ist die zeitliche Abfolge nicht gleichmäßig. Es gibt Stunden, die dehnen sich zu Ewigkeiten, und es gibt Phasen, in denen die Zeit „nur so rast" oder „dahinfliegt", „im Nu vergeht", was nichts anderes heißt, als daß ein Augenblick auch Stunden zu umfassen scheint. Bei tiefer Meditation oder in Augenblicken höchsten Glücks scheint „die Zeit stillzustehen" oder gar nicht zu existieren. Wir verlassen „Zurvan mit der langen Herrschaft", um uns ihm später wieder zuzuwenden. Dieser rhythmische Wechsel zwischen Zeitlo-

sigkeit und wachem Erleben, zwischen entspann-
tem „Abschalten" und aktiver Teilnahme am Zeitgeschehen, ist eine Grundlage innerer Ausgeglichen-
heit und Sammlung. Der Schlaf-Wach-Rhythmus
entspricht diesem Zusammenhang. Die unerbittli-
chen Gesetze der Zeit – unsere Sterblichkeit ist
damit eng verknüpft – gehören zu den Grundgesetzen, die am Anfang entstanden sind. Sie setzen
unsere Grenzen fest.

Nornen und Moiren

Wir haben sie schon kennengelernt, die viel-wis-
senden Frauen der Edda,

> *„am Born,*
> *der unterm Baume liegt,*
> *sie schnitten ins Scheit.*
> *Lose lenkten sie,*
> *Leben koren sie*
> *Menschenkindern."*

Nach einem anderen Text waren sie „geschwind
auf ihren Schneeschuhen"[96]. Sie waren wahrscheinlich auch Göttinnen der Zeit, denn die Norne Urd
kennt die Vergangenheit, Verdandi die Gegenwart
und Skuld die Zukunft. Dies sind aber die drei
großen Aspekte der Zeit, die unser Leben bestimmen.

„Sie ritzen auf Stäbe"

und folgen damit einer alten Form der Schicksalbe-
stimmung: Das Schicksal wurde in Holz eingekerbt
und so festgelegt. Damit waren die Zeichen gesetzt.
Die Alltagssprache bewahrt mit Ausdrücken wie

„tief eingekerbt" dieses alte Bild. Schwierig ist es, aber möglich, dieses Schicksalsholz zu „resignieren". Die Phasen der Resignation, deren lähmende Seiten wir meistens kennen, sind auch Zeitpunkt schöpferischer Möglichkeiten und des neuen Anfangs: Wir können neu signieren, vielleicht noch einmal mit den großen Weberinnen verhandeln! Der Ausdruck „ein Zeichen setzen" leitet sich hiervon ab. Das ist auch eine Möglichkeit, den Sinn einer depressiven Phase des Lebens zu erkennen: Die Lebensrichtung, das Handlungsmuster stimmen nicht mehr, dem vorherrschenden Standpunkt des Bewußtseins wird vom Selbst die Kraft entzogen, damit in erneuernder Wendung nach innen andere und jetzt passendere Lebensmöglichkeiten aufgesucht werden. Die Zeit ist reif dafür, sich nach einer neuen inneren Ordnung der Psyche, der das Ich zu gehorchen hat, auszurichten. In diesem Sinne können wir re-signieren, eine neue Kerbe setzen, neu ins Scheit schneiden.

Auch für den Griechen waren die drei Schicksalsgöttinnen, die Moiren, Spinnerinnen, obwohl nur die erste so heißt. Die zweite heißt die „Zuteilerin", die dritte die „Unabwendbare" [97]. Nicht einmal Zeus, der Göttervater, konnte etwas an der Länge des gesponnenen Schicksalsfadens ändern. Die Moiren werden sowohl mit der Nacht, dem Ursprung von allem, als auch mit Themis in Zusammenhang gebracht. So gehören sie ihrem Ursprung nach in die Nähe der großen und ältesten Göttinnen. Häufig prophezeit eine von ihnen Unglück, während die anderen beiden Glück und Segen spenden, ein Motiv, das zum Beispiel im Märchen von Dornröschen wiederkehrt.

Daß uns ein Lebensfaden gesponnen wird, ein Schicksal zugeteilt, Unabwendbares uns erreicht, diese Vorstellungen begleiten den Menschen seit vielen, vielen Generationen. Es ist also nicht moderner Fatalismus angesichts weltweiter Bedrohung, es sind Vorstellungen, die in ganz andere Tiefen reichen und Lebensgesetze ausdrücken, die wir heute erst anfangen zu verstehen. Wahrscheinlich müssen wir doch davon ausgehen, daß es so etwas wie eine innere Bestimmung des Menschen gibt. Wir sind zu gern bereit anzunehmen, daß wir allein der Schmied unseres Schicksals sind. Sicher bleibt ein großer Teil der Verantwortung für die Gestaltung unseres Lebens bei uns, andererseits gehört es aber auch in den Verantwortungsbereich des Menschen, das Leben auszugestalten, das ihm „zugeteilt" ist. Hier liegt ja vielleicht die Urerfahrung des Schicksalhaften, der Schicksalsmacht, daß wir dem Leben, das uns gegeben ist, nicht mehr entrinnen können. Ob ein Selbstmord ein Ausweg ist, wage ich sehr zu bezweifeln, weil noch niemand weiß, in welcher Form die Psyche weiterleben wird. Die alten mythischen Bilder enthalten jedenfalls wichtige Hinweise darauf, daß wir in voller Verantwortung das uns Zugeteilte und Unabwendbare übernehmen und ausgestalten müssen, im Grunde den Lebensfaden spinnen, den eine der großen Spinnerinnen schon für uns gesponnen hat. Ist das das Ende unserer Freiheit? Vielleicht besteht die Freiheit, die wir haben, darin, schöpferisch zu gestalten, was der Rahmen unserer Möglichkeiten bietet. Und das wäre nicht wenig.

Me – die Satzungen

Nach altbabylonischer Auffassung tragen die Götter die Verantwortung für die kosmische Ordnung. Das bedeutet aber, daß der Mensch nicht nur ihr Diener, sondern auch ihr Nachahmer und Mitarbeiter ist, es ist ein Hinweis auf seine Mitverantwortung am Kosmos. Er muß ihren Befehlen folgen, denn diese beziehen sich auf die Normen, auf die „Satzungen", die sowohl das Funktionieren der Welt als auch das der menschlichen Gesellschaft gewährleisten. Die „Satzungen" begründen, das heißt bestimmen das Schicksal allen Seins, jeder Lebensform, jeder göttlichen oder menschlichen Aktivität.

Beim Anbruch des neuen Jahres legen die Götter jeweils das Schicksal für die kommenden zwölf Monate fest. Dahinter steht die Vorstellung, daß die kosmische Ordnung kontinuierlich gestört wird; in erster Linie durch die „große Schlange", die die Welt in ein Chaos zu verwandeln droht; sodann durch Verbrechen, Vergehungen und Irrungen der Menschen, die durch verschiedene Riten wieder gesühnt und gereinigt werden müssen. Durch das Neujahrsfest wird die Welt periodisch regeneriert, das heißt neu erschaffen. Der sumerische Name für dieses Fest, *a-ki-til* bedeutet „Kraft, durch die die Welt wieder auflebt" (til bedeutet Leben und Wiederaufleben; so lebt beispielsweise ein Kranker wieder auf, das heißt er wird geheilt)[98].

Diese Gesetze gewährleisten also, folgen wir ihnen, die Kraft, durch die die Welt wieder auflebt! Unsere Vorväter ordneten sich noch in dieses kosmische Geschehen ein, das wir uns mühsam und in letzter Minute mit Hilfe wissenschaftlicher Überle gungen – vielleicht zu langsam – wieder bewußtmachen. Das Wissen allein aber tut's nicht, wie bekannt. Es muß zu einem festen Bestandteil unseres Lebensrhythmus werden, wie das Neujahrsfest.

Waren bisher Hoffnung, Neubeginn und sich zuverlässig erneuernde Lebenskraft einige der tragenden Ideen, die wir den Bildern der Schöpfungsgeschichten entnommen hatten, so sprechen sie hier in einem Ernst zu uns, dem wir uns nicht entziehen sollten.

Die Wissenschaft hat bisher ihre Aufgabe darin gesehen, die Naturgesetze zu erforschen und wertfrei darzustellen. Was wir mit den Ergebnissen dann anfangen, sei nicht ihre Sache. Die Mythen sprechen hier eine andere Sprache. Sie beschreiben die universellen Gesetze und zeigen die daraus folgenden Konsequenzen für menschliches Zusammenleben auf, am klarsten ausgedrückt in der Gerechtigkeit. Die Folgen der Vernachlässigung zeigen sie mit unerbittlicher Strenge, sogar unter Hinweis auf die völlige Vernichtung alles Irdischen, wenn Dike sich von der Erde zurückziehen sollte. Man versuche, sich eine Welt vorzustellen, in der es das Muster eines möglichen gerechten Handelns unter den Menschen einfach nicht mehr gäbe und auch kein Mensch mehr auf die Idee von Gerechtigkeit kommen könnte! Wir gehen sicher nicht fehl, wenn wir die Liebe ebenfalls solch ein Lebensgesetz nennen. Das klingt zunächst abstrakt und theoretisch. Aber sieht man die Gesetze eingeordnet in die Lebenszusammenhänge, so sind sie alles andere als abstrakt. Wäre in unserer Struktur, in unserem Bauplan, kein Verhaltensbereich „Liebe" oder „Mitmenschlichkeit" vorgesehen, wie sähe unsere Welt aus? Und wenn die Liebe plötzlich einfach entrückt wäre, wenn sie als Göttin, die sie immer war, von der Erde fortginge, wie ginge es mit uns weiter?

Mir scheint besonders wichtig, daß jeder Mensch in sich den Zugang zu den allgemeinen Gesetzen des Lebens finden kann. In völlig unbewußter Form laufen sie ohnehin in jedem von uns ab. Wir sind völlig eingebettet in sie. Manches dieser Gesetze erleben wir als Sinn, als innere Pflicht und notwendige Aufgabe, zusammengefaßt im Bild des Weges, den jeder von uns als *seinen* Weg zu gehen hat. Dies ist, in mythischer Sprache, das Gesetz des Zweiges der Weltenkiefer, gültig, seit Erster Mann es entdeckte. Aber es war schon vor ihm da, wie der kosmische Baum zeigt.

Psychotherapie wäre nicht möglich, wenn wir ihr nicht Annahmen im Sinne dieser mythischen Bilder zugrunde legten, wenn wir nicht davon ausgingen, daß Abweichung von den Gesetzen des Lebens und der Psyche und vom individuellen Weg in die Krankheit, das Wiederfinden und Wiederannehmen zur Heilung führt. Das ist aber auch, bei allem schon betonten Ernst, doch wieder ein Bild der Hoffnung, die jedem vermittelt werden kann.

So schließt eine Darstellung der Schöpfungsmythen mit dem, was von allem Anfang war, den ewigen Gesetzen, nach denen Universen und Menschen in vielleicht ewigem Pulsieren entstehen und vergehen, sich entfalten und ihre eigene Existenz wieder verneinen, Raum gebend neuen Formen der Energie, die jeden durchströmt.

Anmerkungen

1 Jörg Zink, Die Mitte der Nacht ist der Anfang des Tages, Stuttgart 1967

2 A. Chamtdar, Das ägyptische Totenbuch, München 1977; W. E. Evand-Wentz, Das tibetanische Totenbuch, Olten 1982

3 S. und Ch. Grof, Jenseits des Todes, München 1984

4 Popol Vuh, hrsg. von W. Cordan, Köln 1973, S. 20f.

5 aus: Der Seherin Gedicht, in: I. Lissner und G. Rauchwetter, Der Mensch und seine Gottesbilder, Olten 1982, S. 211

6 Lissner/Rauchwetter, ebenda S. 225; vgl. Cordan, S. 29

7 Lissner/Rauchwetter, Der Mensch und seine Gottesbilder, S. 140

8 Edda, hrsg. von F. Genzmer, Köln 1983

9 K. Kerenyi, Die Mythologie der Griechen, Zürich 1951, S. 21

10 K. Kerenyi, ebenda S. 23

11 P. Grimal (Hrsg.), Mythen der Völker I–III, Frankfurt 1979, Bd. II, S. 58

12 W. Beltz, Die Mythen der Ägypter, München 1982, S. 35

13 Lissner/Rauchwetter, Der Mensch und seine Gottesbilder, S. 225

14 ebenda S. 233

15 P. Grimal (Hrsg.), Mythen der Völker, Bd. II, S. 55

16 ebenda S. 58

17 Lissner/Rauchwetter, ebenda S. 140

18 ebenda S. 140

19 Popol Vuh, hrsg. W. Cordan, S. 29

20 R. v. Ranke-Graves, Griechische Mythologie, Hamburg 1984, S. 22

21 ebenda S. 25

22 Lissner/Rauchwetter, Der Mensch und seine Gottesbilder, S. 131; vergleiche auch: M. Eliade, Die Religionen und das Heilige, Salzburg 1954, S. 467

23 M. Eliade, Die Religionen und das Heilige, S. 468
24 ebenda S. 468
25 H. Fillipetti und J. Trotereau, Zauber, Riten und Symbole, Freiburg 1979
26 Hier möchte ich auf das eindrucksvolle Buch von H. M. Böttcher, Die große Mutter, Düsseldorf 1968, verweisen. Dort findet der Leser jenes Material, das ich auch nicht auszugsweise anführen kann. In den Fortsetzungsbänden der Reihe „Zauber der Mythen" wird es aber von verschiedenen Seiten her herangezogen werden.
27 J. Pieper, Über die Gerechtigkeit, München 1954
28 P. Grimal (Hrsg.), Mythen der Völker Bd. I, S. 97
29 Lissner/Rauchwetter, Der Mensch und seine Gottesbilder, S. 234
30 ebenda S. 131
31 ebenda S. 217
32 R. v. Ranke-Graves, Griechische Mythologie, S. 22
33 P. Grimal (Hrsg.), Mythen der Völker Bd. I, S. 90; vergleiche auch M. Eliade, Geschichte der religiösen Ideen, Band I, Freiburg 1979, S. 63
34 M. Eliade, Geschichte der religiösen Ideen, Bd. I, S. 75
35 F. Capra, Der kosmische Reigen, München 1981, S. 241
36 H. Zimmer, Philosophie und Religion Indiens, Frankfurt 1973, S. 507
37 H. Zimmer, ebenda S. 382
38 Lissner/Rauchwetter, Der Mensch und seine Gottesbilder, S. 143
39 P. Grimal (Hrsg.), Mythen der Völker, Bd. II, S. 57
40 W. Beltz, Die Mythen der Ägypter, S. 44
41 Lissner/Rauchwetter, Der Mensch und seine Gottesbilder, S. 194
42 ebenda S. 129 ff.
43 ebenda S. 117
44 ebenda S. 217 f.
45 ebenda S. 127
46 W. Beltz, Die Mythen der Ägypter, S. 39
47 E. Rouselle, Yin und Yang vor ihrem Auftreten in der Philosophie, in: Erfahrungen mit dem I Ging, Köln 1984, S. 79
48 nach H. M. Böttcher, Die große Mutter, S. 54
49 R. v. Ranke-Graves, Griechische Mythologie, S. 26
50 Bob Samples, Der Geist von Mutter Erde, Basel 1983, S. 206

51 M. Eliade, Mythen, Träume und Mysterien, Salzburg 1961, S. 220

52 ebenda S. 233

53 R. v. Ranke-Graves, Griechische Mythologie, S. 122 f.

54 Hier folge ich M. Eliade, Mythen, Träume und Mysterien, S. 224

55 C. G. Jung, Das Gewissen, in: Gesammelte Werke X, S. 475–495, Olten 1974

56 Vgl. Erich Neumann, Die Große Mutter, Olten 1977. In diesem Buch findet sich reiches kulturgeschichtliches, mythologisches und psychologisches Material zum Urbild der Mutter Erde.

57 Lissner/Rauchwetter, Der Mensch und seine Gottesbilder, S. 128

58 P. Grimal (Hrsg.), Mythen der Völker, Bd. I, S. 91

59 Lissner/Rauchwetter, S. 218

60 Lissner/Rauchwetter, S. 225

61 C. G. Jung, Seele und Tod, in: Ges. Werke VIII, Olten 1978, S. 465 und 466

62 Lissner/Rauchwetter, Der Mensch und seine Gottesbilder, S. 129

63 ebenda S. 211

64 P. Grimal, (Hrsg.), Mythen der Völker, Bd. II, S. 78

65 ebenda S. 55

66 P. Grimal (Hrsg.), Mythen der Völker, Bd. I, S. 89

67 M. Eliade, Die Religionen und das Heilige, S. 314

68 G. Gollwitzer, Bäume, Herrsching 1980, S. 47

69 Vgl. M. Eliade, Die Religionen und das Heilige, S. 312

70 H. Fillipetti und J. Trotereau, Zauber, Riten und Symbole, S. 212

71 Hier sei nur darauf hingewiesen, daß Unsterblichkeit eine der großen Sehnsüchte der Menschheit darstellt, über die es leidenschaftliche Dokumente gibt. Das älteste und bekannteste ist das Gilgamesch-Epos. Vgl. Lissner/Rauchwetter, Der Mensch und seine Gottesbilder, S. 156 und: Gilgamesch, hrsg. von Georg Burckhardt, Wiesbaden 1958

72 Von C. G. Jung gibt es ein grundlegendes und gut verständliches Buch, in dem er die Analytische Psychologie zusammenfassend darstellt: Die Beziehungen zwischen dem Ich und dem Unbewußten, in: Gesammelte Werke VII, Olten 1971

73 Lissner/Rauchwetter, S. 148

74 C. G. Jung, Der philosophische Baum, in: Gesammelte Werke XIII, Olten 1978

75 Lissner/Rauchwetter, S. 233 ff.

76 Ulrich Mann, Schöpfungsmythen, Stuttgart 1982, S. 97

77 Lissner/Rauchwetter, S. 233 ff.

78 U. Mann, Schöpfungsmythen, S. 118. P. Grimal (Hrsg.), Mythen der Völker, Bd. I, S. 92

79 Lissner/Rauchwetter, S. 178

80 M. Eliade, Geschichte der religiösen Ideen, Bd. 1, S. 74

81 Vgl. A. Waiblinger, Große Mutter und göttliches Kind, Reihe Zauber der Mythen, Zürich 1986

82 P. Grimal (Hrsg.), Mythen der Völker, Bd. II, S. 55

83 Vgl. E. Jantsch, Die Selbstorganisation des Universums, München 1984

84 M. Eigen und R. Winkler, Das Spiel, München 1976, S. 88

85 H. v. Ditfurth, Der Geist fiel nicht vom Himmel, Hamburg 1976, S. 12 f.

86 H. v. Ditfurth, Wir sind nicht von dieser Welt, Hamburg 1981, S. 9 ff.

87 K. Kerenyi, Die Mythologie der Griechen, Zürich 1951, S. 101 ff.

88 K. Kerenyi, Humanistische Seelenforschung, Wiesbaden 1978, S. 56

89 K. Kerenyi, Die Mythologie der Griechen, S. 105 f.

90 Popol Vuh, hrsg. von W. Cordan, Köln 1973, S. 36

91 ebenda S. 36 f.

92 P. Grimal (Hrsg.), Mythen der Völker, Bd. I, S. 56

93 K. Kerenyi, Die Mythologie der Griechen, S. 102

94 ebenda S. 102

95 P. Grimal (Hrsg.), Mythen der Völker, Bd. II, S. 15

96 P. Grimal (Hrsg.), Mythen der Völker, Bd. III, S. 94

97 K. Kerenyi, Die Mythologie der Griechen, S. 37

98 M. Eliade, Geschichte der religiösen Ideen, S. 65 f.

Urbilder der kristallinen Materie
Zum Foto auf dem Umschlag von Manfred P. Kage

Wissenschaftlich ausgedrückt, handelt es sich bei diesen Bildern um willkürlich gesteuerte Kristallisationen natürlicher und synthetischer Stoffe, die zwischen zwei Glasplatten durch Temperatureinfluß aus der Schmelze rekristallisiert oder durch Verdunstung des Lösungsmittels kristallisiert wurden. Diese Kristallpräparate werden in einem Kameramikroskop mit Hilfe von polarisiertem Licht und einem von Kage entwickelten Spezialkompensator, dem Polychromator, fotografiert.

Der Polychromator ist eine Art optischer Synthesizer oder besser ein „optisches Musikinstrument", mit dem Kaskaden von Klangfarben in einerseits gesetzmäßiger, andererseits beliebiger Folge von Farbklängen gestaltet werden können. So lassen sich beispielsweise von einem Gesteinsdünnschliff, einer hauchdünnen Schicht von kristallisiertem Schwefel oder von Sphäritgefügen des Triphenylmethans eine unerschöpfliche Fülle von permutierenden Farbvariationen erzeugen. Was steckt nun aber dahinter?

Die Aggregatzustände der festen Kristalle, der kristallinen und amorphen Flüssigkeiten sowie der gasförmigen Stoffe entsprechen den Tamas, Rayas und Satvas der indischen Sankhja-Philosophie, welche die statischen Niveaus der Verwandlungen und

Seinszustände bezeichnen. Die europäische Analogie dazu wären Physis, Bios, Psyche und Pneuma, denen auf der materiellen Seite die Zustände fest, kristallin-flüssig (mesomorph), flüssig und gasförmig entsprechen.

Wer sich mit der Entstehung der Planeten beschäftigt, kennt die immense Bedeutung der Kristallisations- und Erstarrungsvorgänge in der Planetenoberfläche, die Gesteins- und Gebirgsschichten hervorbringen. Die Kristallbildung ist das Urmodell der Festkörperanteile aller Lebewesen; Kristallgitter finden sich in der Zellulose und damit im Holz, in den Kieselskeletten der Radolarien und Diatomeen, in den Schalen und Panzern der Korallen, Muscheln und Seeigel sowie in den Kalkgefügen des Knochenbaus der Säugetiere.

Durch chemische oder alchimistische Verwandlungen des Stoffes lassen sich neue Kristallformen erzeugen; künstlerische Empfindung und der unerschöpfliche Formenreichtum der Natur treten miteinander in Kommunikation.

Ein optisches Kaleidoskop mit zwei Präzisionsspiegeln ermöglicht zusätzlich die Symmetrierung der kristallinen Bildwerke zu Mandalas, den Urbildern der Seele. Die suggestive Zentrierung, die das Auge zur Mitte lenkt, eröffnet einen Blick in den imaginären, mythischen Raum, in welchem die Strukturen der Materie und der Psyche nicht voneinander zu unterscheiden sind.

Theodor Seifert
Schneewittchen

Das fast verlorene Leben
In der Buchreihe „Weisheit im Märchen"
130 Seiten, gebunden

Am Beispiel Schneewittchens zeigt der Autor die Gefahr, „zu leben wie tot", wie in einem gläsernen Sarg, das heißt ohne Kontakt mit der eigenen Seele. Er geht den Ursachen dafür nach und fragt nach den Möglichkeiten, sein Leben wiederzufinden. Die Botschaft des Märchens ist nicht bequem, denn die Lösung bedarf des Hörens auf die leisen Stimmen des Herzens. Die drei Blutstropfen, der Spiegel, der Jäger und die Zwerge werden in der Deutung zu lebendigen Kräften der eigenen Seele, welche sie auf einen Weg senden, der zu neuer Lebendigkeit führt. Die Auseinandersetzung zwischen der Stiefmutter und Schneewittchen ist das Modell für den Kampf zwischen Anpassung und eigener Identität.
„Winterlich erstarrte Beziehungen", so Seiferts Deutung des Märchens, „müssen nicht andauern. Schneewittchen lebt, das heißt: Trotz aller Widerstände ist neues Leben und Lieben möglich."

Reutlinger, Tübinger Wochenblatt

Kreuz Verlag

„Die Darstellung und Deutung einzelner Mythen durch verschiedene Autoren ermöglicht den Zugang zu einem in jedem Menschen vorhandenen Fundament von Lebenskraft. Mythen sind faszinierend und ergreifend. Ihnen zu begegnen ist dem Erleben vergleichbar, in dem sich die Bedeutung eines großen Traumes zum ersten Mal erschließt. Mythen spiegeln unser Leben und vermitteln die Gewißheit, daß es sinnvoll gelebt werden kann."

Der Herausgeber Theodor Seifert

Neben dem vorliegenden Band ist bisher erschienen:

Angela Waiblinger
Große Mutter und göttliches Kind
Das Wunder in Wiege und Seele

In Vorbereitung sind die folgenden Bände:

Ingrid Riedel · Demeter und Kore
Mutter-Tochter-Bindungen

Verena Kast · Sisyphos
Der alte Stein – der neue Weg

Lutz Müller · Der Held
Vom Vertrauen zu sich und zum Leben

Rosmarie Bog · Die Hexe
Schön wie der Mond – häßlich wie die Nacht

Helmut Remmler · Das Rätsel der Sphinx
Mit dem Unheimlichen vertraut werden

Hans Jellouschek · Semele, Zeus und Hera
Die Rolle der Geliebten in der Dreiecksbeziehung

Kreuz Verlag